成本会计综合实训教程

成本会计课程编写组 / 编

CHENGBEN KUAIJI
ZONGHE SHIXUN JIAOCHENG

主编 / 韩梅芳　朱俊虹

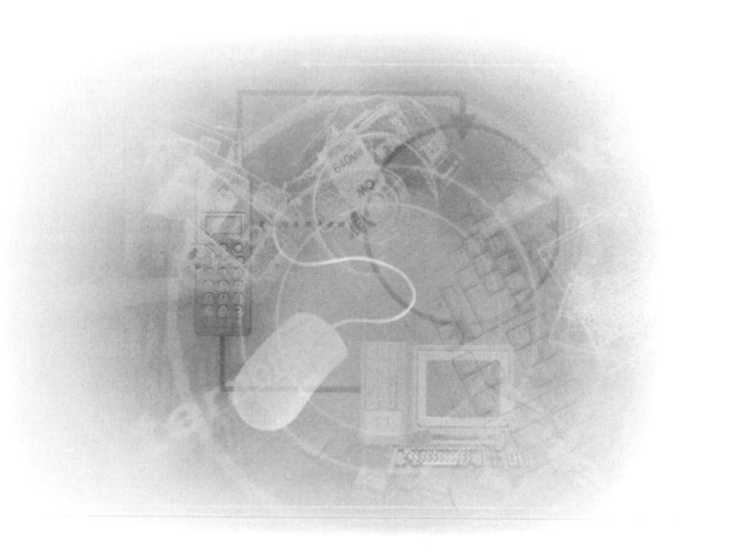

西南财经大学出版社

图书在版编目(CIP)数据

成本会计综合实训教程/成本会计课程编写组编(韩梅芳,朱俊虹主编).—成都:西南财经大学出版社,2014.9(2025.1 重印)
ISBN 978-7-5504-1574-4

Ⅰ.①成…　Ⅱ.①成…　Ⅲ.①成本会计—教材　Ⅳ.①F234.2

中国版本图书馆 CIP 数据核字(2014)第 203300 号

成本会计综合实训教程

成本会计课程编写组　编

韩梅芳　朱俊虹　主编

责任编辑:张明星

助理编辑:李　筱

封面设计:墨创文化

责任印制:朱曼丽

出版发行	西南财经大学出版社(四川省成都市光华村街 55 号)
网　　址	http://cbs.swufe.edu.cn
电子邮件	bookcj@swufe.edu.cn
邮政编码	610074
电　　话	028-87353785
照　　排	四川胜翔数码印务设计有限公司
印　　刷	成都国图广告印务有限公司
成品尺寸	185 mm×260 mm
印　　张	11.125
字　　数	200 千字
版　　次	2014 年 9 月第 1 版
印　　次	2025 年 1 月第 4 次印刷
印　　数	9501— 10500 册
书　　号	ISBN 978-7-5504-1574-4
定　　价	22.00 元

前言

高校财经类专业的学生不仅要有扎实的经济理论基础和初步的经济管理知识，还要有较强的实践操作能力，因此要求我们应以“培养学生职业发展能力，提高就业竞争力”为核心开展教学改革工作。成本会计是会计学科体系中的一个重要组成部分。成本会计工作岗位是企业财务工作的一个重点岗位，在企业生产经营活动中发挥着十分重要的职能。成本会计工作内容涉及成本核算、成本预测、成本控制等多个方面，对加强企业内部经营管理意义重大。因而，具备成本会计理论知识和实务知识是企业招聘财经类毕业生的必备条件之一。

增强学生的实践操作能力，必须加强实践环节的训练。成本会计实训是学生在完成成本会计课程后的一项操作技能综合训练，是成本会计课堂教学的继续，也是会计岗位工作的演练。通过模拟训练，可以进一步加深学生对成本会计的基本理论、基本方法的理解。开设成本会计实训课程的目的就是要求学生熟悉产品成本的核算方法，清楚各项费用的归集和分配，了解成本核算的整个实务流程，培养其独立开展成本核算的工作能力和成本管理能力，从而成为一名合格的、竞争力强的财经类毕业生。

本实训课程通过模拟一家制造类企业的整个产品成本的核算流程，要求学生按照流程，根据有关原始凭证编制各种费用分配表、记账凭证，登记明细账，并对各类费用进行分配，编制分配表及记账凭证，计算各种产品成本，编制成本报表。本实训课程有助于学生融会贯通成本会计理论知识，全面、系统地认识企业产品成本的核算过程，从而将所学成本会计知识系统化地运用到实际操作中。

本教程的编写由课程组老师花费大量时间和精力，经多次讨论、多次修改完成。全书由韩梅芳老师、朱俊虹老师负责编写和统稿。课程组张琴老师、王晓老师、陈茜老师、尹常君老师、辛亦维老师、魏历老师等对教材完善提出了许多宝贵意见，在此表示衷心的感谢并对在本书出版过程中给予帮助的全体工作人员致以诚挚的谢意！

本教材的编写过程中参阅了不少书籍和文献资料，在此向原书籍和文献资料的作者、出版社致以诚挚的感谢！由于编者水平有限，书中难免存在错漏，望读者批评指正。

编　者

2014 年 5 月

目录

第一部分 实训预备知识

目录

第一部分

实训预备知识

一、成本核算的要求和一般程序

成本核算的要求和一般程序如图 1-1 所示。

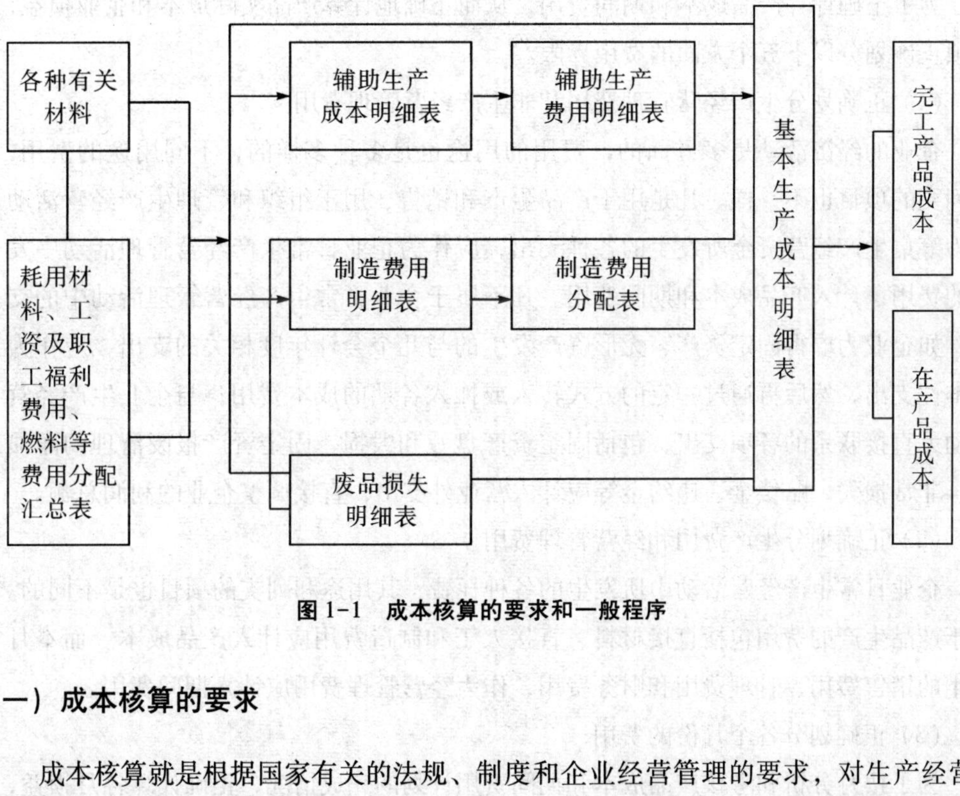

图 1-1 成本核算的要求和一般程序

（一）成本核算的要求

成本核算就是根据国家有关的法规、制度和企业经营管理的要求，对生产经营过程中实际发生的产品成本和期间费用进行计算，并进行相应的账务处理。在成本会计工作中，成本核算是基础，是成本管理的一个重要环节。为了充分发挥成本核算的作用，正确、及时地为有关方面提供有用的成本信息，在成本核算中应贯彻以下要求。

1. 建立健全各项原始记录

原始记录是一项重要的基础工作，是反映企业生产经营活动的原始凭证，是企业编制成本计算表并进行成本核算的基础和依据。

在成本核算中，企业应该建立健全的各项原始记录有：

（1）生产方面的原始记录，包括生产计划、工时耗费统计表、完工通知单、产成品入库单。

（2）原材料方面的原始记录，包括原材料的验收入库单、领料单等。

（3）固定资产方面的原始记录，包括固定资产卡片、处置和报废的记录、使用情况等。

（4）劳动工资方面的原始记录，包括工资汇总表、工资分配汇总表。

2. 正确划分各项费用界限

为了正确计算产品成本和期间费用，从而正确地计算产品实际成本和企业损益，必须正确划分以下五个方面的费用界限。

（1）正确划分生产经营管理费用和非生产经营管理费用

企业的经济活动是多方面的，费用的用途也是多种多样的，不同用途的费用，其列支的项目也不一样。凡是用于产品生产和销售、用于组织和管理生产经营活动和为筹集生产经营资金所发生的各种支出，应作为企业日常生产经营管理活动中发生的费用，计入产品成本和期间费用。凡不属于企业日常生产经营管理活动中的支出，如企业为取得固定资产、无形资产发生的与几个会计年度相关的支出，应作为资本性支出，然后再通过一定的方式转入或摊入各期的成本费用；与企业生产经营活动无直接联系的各项支出，包括固定资产盘亏和毁损、固定资产报废清理的净损失、非常损失、赔偿金、违约金等应计入营业外支出，直接调整企业的利润总额。

（2）正确划分生产费用和经营管理费用

企业日常生产经营活动中所发生的各种耗费，其用途和列支的项目也是不同的。用于产品生产的费用包括直接材料、直接人工和制造费用应计入产品成本。而本月发生的销售费用、管理费用和财务费用，作为经营管理费用应计入期间费用。

（3）正确划分各个月份的费用

为了按月分析和考核产品成本和期间费用计划的完成情况，正确计算各月损益，还应将计入产品成本和期间费用的费用，划分为应由本月负担的费用和应由以后各月负担的费用：应由本月产品成本和期间费用负担的费用，应该全部计入本月产品成本和本月期间费用；本月发生，应由以后各月产品成本和期间费用负担的费用，应该记作预付账款、长期待摊费用等科目，分配计入以后各月产品成本和期间费用。

（4）正确划分各种产品的费用

生产多种产品的企业，为了分析和考核某种产品成本计划的完成情况，应由本月产品成本负担的生产费用，还必须在各种产品之间进行划分。凡能分清应由某种产品负担的费用，应直接计入这种产品成本；分不清应由哪种产品负担的费用，即各种产品共同发生的费用，则应采用适当的分配方法分配计入各种产品成本。

(5) 正确划分完工产品和在产品的费用

月末，将各项生产费用计入各种产品之后，如果该种产品已全部完工，那么，这种产品的生产费用之和就是该种产品的完工产品成本。如果该种产品未全部完工，那么，这种产品的生产费用之和就是该种产品的月末在产品成本。如果该种产品既有完工产品又有在产品，那么这种产品的各项生产费用，还应采用适当的分配方法在完工产品与月末在产品之间进行分配，以便计算完工产品成本和月末在产品成本。

(二) 费用要素和产品成本项目

为了正确合理地组织产品成本和期间费用的计算，对企业生产经营过程中发生的各种费用可以按照不同的标准进行科学分类，其中最主要的是费用要素和产品成本项目两大类。

1. 费用要素

产品的生产过程，也是劳动对象、劳动手段和活劳动的耗费过程。因此，企业生产经营过程中发生的各种费用可分为劳动对象方面的费用、劳动手段方面的费用和活劳动方面的费用三大类，称为企业费用的三要素。为了具体地反映企业一定时期各种费用的构成和水平，还应在此分类的基础上，将费用进一步划分为以下九个费用要素：

(1) 外购材料，指企业耗用的一切从外部购进的原料及主要材料、半成品、辅助材料、包装物、修理用备件和低值易耗品等。

(2) 外购燃料，指企业耗用的一切从外部购进的各种燃料，包括固体、液体、气体燃料等。

(3) 外购动力，指企业耗用的从外部购进的各种动力。

(4) 工资，指企业应计入产品成本和期间费用的职工工资。

(5) 计提的职工福利费，指企业按照工资总额的规定比例计提的职工福利费。

(6) 折旧费，指企业按照规定计算的固定资产折旧费。出租固定资产的折旧费不包括在内。

(7) 利息费用，指企业应计入财务费用的借款利息费用支出减去存款利息收入后的净额。

(8) 税金，指应计入企业管理费用的各种税金，包括房产税、土地使用税、车船使用税、印花税等。

(9) 其他费用，指不属于以上各要素的费用，例如邮电费、差旅费、租赁费、保险费、外部加工费等。

按照上列费用要素反映的费用，称为要素费用。

费用分成要素费用的作用在于：可以反映企业在一定时期内发生了哪些费用，数额各是多少，据以分析各个时期费用的结构和各种费用支出的水平；由于这种分类反映了外购材料和燃料费用以及职工工资的实际支出，因而可以为编制材料采购资金计划和劳动工资计划、核定储备资金定额和考核储备资金周转速度提供资料。

2. 产品成本项目

制造业的各种费用按其经济用途分类，首先应分为生产经营管理费用和非生产经营管理费用。生产经营管理费用按能否计入产品成本分成计入产品成本的生产费用和不计入产品成本的期间费用。

（1）计入产品成本的生产费用

计入产品成本的生产费用在生产过程中的用途也各不相同。有的直接用于产品生产，有的间接用于产品生产。为了具体地反映计入产品成本的生产费用的各种用途，还应将其进一步划分为若干个项目，即产品生产成本项目，简称产品成本项目或成本项目。

制造业一般应设立以下成本项目：

直接材料是指直接用于产品生产、构成产品实体的原料和主要材料以及有助于产品形成的辅助材料。

直接人工是指直接参加产品生产的工人工资和按生产工人工资一定比例计提的职工福利费。

制造费用是指车间（或分厂）在产品制造过程中发生的下列费用：

① 间接用于产品生产而没有专设成本项目的费用，例如机物料消耗、辅助工人工资、车间厂房折旧费等。

② 直接用于产品生产但不便于直接计入产品成本，因而没有专设成本项目的费用，例如机器设备的折旧费等。

③ 为组织管理生产所发生的费用，例如车间管理人员工资、办公费等。

另外，计入产品成本的生产费用按计入产品成本的方式不同，可以分为直接费用和间接费用。直接费用是指能够分清哪种产品所耗用，可以直接计入某种产品成本的费用，如某种产品领用的材料、生产某种产品的工人工资等。间接费用是指不能分清哪种产品所耗用，不能直接计入某种产品成本，而必须按照一定标准分配计入有关的各种产品成本的费用，如机物料消耗、辅助工人工资、车间厂房折旧费等。

（2）不计入产品成本的期间费用

期间费用按其经济用途可分为销售费用、管理费用和财务费用。

销售费用是指企业在销售产品过程中发生的费用，以及为销售本企业产品而专设的销售机构的经费。它包括运输费、装卸费、包装费、广告费、展览费、委托代销费、保险费、租赁费、销售服务费以及专设销售机构人员的工资及福利费、差旅费、办公费、折旧费、修理费、物料消耗、周转材料摊销等费用。

管理费用是指企业行政管理部门为组织和管理生产经营活动而发生的各项费用。它包括管理人员工资及福利费、办公费、差旅费、折旧费、修理费、物料消耗、低值易耗品摊销、工会经费、职工教育经费、劳动保险费、待业保险金、董事会费、咨询费、审计费、诉讼费、排污费、绿化费、税金、土地使用费、技术转让费、无形资产摊销、开办费摊销、业务招待费、坏账损失、材料、产成品盘亏和毁损等费用。

财务费用是指为筹集生产经营资金而发生的各项费用。它包括银行借款利息支出、汇兑损失、金融机构结算手续费等费用。

3. 成本核算的一般程序

成本核算的一般程序是指对企业在生产经营过程中发生的各项费用按照成本核算的要求，逐步进行分配和归集，最后计算出各种产品的生产成本和各项期间费用。根据成本核算要求和费用分类的阐述，制造企业成本核算的一般程序是：

（1）对企业在生产经营过程中发生的各项费用支出进行严格审核和控制，并按照国家的有关规定确定其应否计入产品成本和期间费用，以及应计入产品成本还是期间费用。即在区分生产经营管理费用和非生产经营管理费用的基础上，将生产经营管理费用划分为计入产品成本和计入期间费用两个部分。

（2）正确处理费用的跨期摊提工作。将本月实际支出而应该留待以后月份摊销的费用计入预付账款、长期待摊费用等科目，并将以前列作待摊费用而应由本月负担的部分摊入本月成本、费用；将以前月份尚未开支但应由本月负担费用，预提计入本月的成本、费用。

（3）将应计入本月产品成本的各项生产费用，在各种产品之间按照成本项目进行分配和归集，计算出按成本项目反映的各种产品的成本。

（4）对于月末既有完工产品又有在产品的产品，将该种产品的生产费用（月初在产品生产费用与本月生产费用之和），在完工产品与月末在产品之间进行分配，计算出完工产品成本与月末在产品成本。

（三）成本核算的账户设置及账务处理程序

1. 成本核算的账户设置

为了进行成本核算，企业一般应设置“生产成本”总分类账户，在此总分类账户下分设“基本生产成本”、“辅助生产成本”两个二级账户，分别核算基本生产成本和辅助生产成本。为减少二级账户，简化会计分录，也可分设“基本生产成本”、“辅助生产成本”两个总分类账户。为了核算车间为组织生产发生的各项间接费用，应设置“制造费用”总分类账户。

（1）“基本生产成本”账户

基本生产是指为完成企业主要生产目的而进行的产品生产。为了归集进行基本生产所发生的各项生产费用和计算基本生产产品成本，应设置“基本生产成本”总分类账户。该账户借方登记企业为进行基本生产而发生的各项费用；贷方登记完工入库的产品成本；期末余额在借方，为月末在产品成本，即生产过程中占用的在产品资金。该账户按产品品种或产品批别、生产步骤等成本计算对象设置生产成本明细账（或称基本生产明细账、产品成本计算单），明细账按产品成本项目分设专栏或专行进行明细登记。

（2）“辅助生产成本”账户

辅助生产是指为基本生产服务而进行的产品生产和劳务供应，例如工具、模具修理用备件等产品的生产和修理、运输、供电、供水等劳务的供应。辅助生产提供的产品和劳务，有时也对外销售，但这不是它的主要目的。为了归集进行辅助生产所发生的各项费用，计算辅助生产产品和劳务的成本，应设置“辅助生产成本”总分类账户。该账户借方登记为进行辅助生产而发生的各项费用；贷方登记完工入库产品的成本和分配转出的劳务费用；期末如有余额在借方，表示辅助生产在产品的成本。该账户应按辅助生产车间和生产的产品、劳务分设明细账，账中按辅助生产的成本项目或费用项目设专栏进行明细登记。

（3）“制造费用”账户

为了核算企业为生产产品和提供劳务而发生的各项制造费用，应设置“制造费用”总分类账户。该账户的借方登记实际发生的制造费用；贷方登记分配转出的制造费用；除季节性生产企业外，该账户月末应无余额。“制造费用”账户应按车间、部门设置明细账，明细账内按费用项目设专栏进行明细登记。

2. 账务处理程序

结合成本核算的一般程序和成本核算的主要账户，制造业成本核算的一般程序是：

（1）归集和分配各项要素费用，从相关资产（如原材料、累计折旧、银行存款等）和负债（如应付工资、应付福利费、应付账款等）账户的贷方转入各成本、费用账户的借方。

（2）按权责发生制的要求，将应由本期负担的摊提费用分配计入成本费用，从预付账款、长期待摊费用的贷方转入各成本、费用账户的借方。

（3）分配辅助生产费用。将归集的辅助生产费用从其账户的贷方转入成本、费用账户的借方。

（4）分配制造费用。将归集的制造费用从其账户的贷方转入基本生产成本账户的借方。

（5）将基本生产成本账户归集的产品成本在本期完工产品和期末在产品之间分配，将完工产品成本从基本生产成本账户的贷方转入库存商品账户的借方。

二、要素费用的归集和分配

（一）要素费用分配的一般方法

1. 要素费用分配的一般方法

产品制造过程中耗用的各项要素费用，应采用一定的方法计入产品成本中。凡是为某种产品所消耗并能确认其负担数额的直接费用，都应直接计入该产品的成本；凡是为几种产品共同耗用或无法确定为哪种产品所消耗的间接费用，应按照一定标准分配计入有关的各种产品成本。对于只生产一种产品的企业来说，所发生的生产费用都是直接费用，可直接计入该种产品的生产成本，并登记在生产成本明细账的有关成本项目。对于生产多种产品的企业，则必须区分直接费用和间接费用，直接费用直接计入各产品成本，间接费用则在有关账户先行归集，定期按一定标准分配计入各产品成本。分配间接费用的标准，主要有三类：

（1）成果类，如产品的重量、体积、产量、产值等。

（2）消耗类，如生产工时、生产工人工资、机器工时、原材料消耗量等。

（3）定额类，如定额消耗量、定额费用等。

分配间接费用的计算公式，可以概括为：

$$费用分配率=\frac{待分配费用总额}{分配标准总额}$$

某种产品或某分配对象应负担的费用=该产品或对象的分配标准额×费用分配率

从理论上说，各项要素费用应根据有关原始凭证编制记账凭证，登记有关费用、成本账簿。在实际工作中，各种费用发生频繁，凭证数量很多。如果按每一原始凭证所反映的内容逐笔登记或逐笔分配登记，核算的工作量太大。为简化核算，一般不根据原始凭证逐笔编制记账凭证登记账簿，而是按费用的用途或发生地进行汇总，定期编制各种费用分配表，据以编制记账凭证，登记有关成本费用总账及明细账。

（二）材料费用的归集和分配

制造企业生产中消耗的各种材料，包括原料及主要材料、辅助材料、燃料、修理用备件及外购半成品等，按其来源，有外购的也有自制的。进行材料费用的核算，首先要将本期耗用的材料费用予以归集，进行材料发出的核算，再根据发出材料的用途，分配材料费用，将其计入各种产品成本和各经营管理费用。

1. 材料费用的归集

本期耗用的材料费用的归集，应根据领料单、限额领料单和领料登记表等发料凭证进行。会计部门应该对发料凭证所列材料的种类、数量和用途进行审核，只有经过审核无误的发料凭证才能据以发料，并作为材料发出、归集本期原材料耗用的原始凭证。为加强对材料费用的控制和核算，对于为生产产品所用并有消耗定额的原材料，应实行限额领料制度，采用限额领料单。限额以内的材料根据限额领料单领用，超过限额的材料领用，应另填领料单，说明理由并经主管人员批准后才能领料。

生产车间已领未用的余料，应编制退料单，据以退回仓库。对于已领未用但下月需要继续耗用的材料，可采用“假退料”办法，即材料实物不动，同时编制一份本月退料单和一份下月的领料单，表示该项余料一方面退库冲减本月发出材料数量和金额，另一方面又作为下月份的领料出库。

为进行材料的收发和结存的明细核算，企业应按材料的品种、规格设立材料明细账，根据收发凭证及退料凭证登记收发材料的数量和金额，并根据期初结存数量和金额及本期收发材料的数量和金额，计算归集本期耗用的原材料费用及期末结存的原材料数量和金额。

企业材料收发结存的核算，可按照材料的实际成本计价进行，也可在“原材料”账户中按计划成本核算，月末应把本期耗用的原材料计划成本通过发出成本差异调整为实际成本。

（1）按实际成本计价进行材料费用归集

在企业按实际成本计价进行材料日常核算的情况下，收料凭证按收入材料的实际成本计价，并按实际成本记入相应的该材料明细账。材料明细账中发出材料的金额，应采用先进先出、个别计价、加权平均或移动平均等方法计算登记，并按算出的实际单位成本对发料凭证进行计价。企业应定期汇总收料凭证和发料凭证，编制按实际成本反映的收料和发料凭证汇总表，据此登记有关总分类账户。

（2）按计划成本计价进行材料费用的归集

在按计划成本计价进行材料日常核算的情况下，材料收发凭证均按该种材料的计划单位成本计价。材料明细账平时可只登记收发结存数量。月末，根据本月收入、发出和结存数量乘以该材料计划单价，即可求出本月收发该种材料的计划成本金额。在这种核算方式下，为了核算材料的实际成本与计划成本的差异，以便把发出材料的计划成本调整为实际成本，还应设置“材料成本差异”账户。本期收入材料的节约差异，转入该账户的贷方；本期收入材料的超支差异，转入该账户的借方。“材料成本差异”账户的借方余额，为结存材料的成本超支额；贷方余额为结存材料的成本节约额。“原材料”等材料账户按计划成本反映的余额，加上“材料成本差异”账户的借方余额或减去其贷方余额，即为结存材料的实际成本。

为了调整发出材料的成本差异，计算发出材料的实际成本，企业在月末汇总发出耗用材料的计划成本的同时，还应根据计算确定的材料成本差异率计算发出材料应负担的成本差异。计算公式如下：

$$\text{材料成本差异率}=\frac{\text{月初结存材料成本差异}+\text{本月收入材料成本差异}}{\text{月初结存材料计划成本}+\text{本月收入材料计划成本}}\times 100\%$$

根据材料成本差异率和发出材料的计划成本，即可计算发出材料的成本差异和实际成本。计算公式如下：

发出材料成本差异＝发出材料计划成本×材料成本差异率

发出材料实际成本＝发出材料计划成本＋发出材料成本差异

上述各计算公式中的材料成本差异，是材料实际成本减去计划成本的差额。

2. 材料费用的分配

企业某一时期耗用的材料费用数额，即该期发出材料的实际成本，应根据审核无误的领退料凭证，按照材料的具体用途进行：将其中直接用于产品生产的材料费用记入跟各种产品有关的直接材料成本项目；用于组织和管理生产及维修生产设备等的原材料记入“管理费用”、“制造费用”账户，同时记入这些明细账中相应的费用项目中；将用于建造固定资产的材料费用，记入“在建工程”。

（1）原材料费用分配的核算

生产产品领用的原材料，如果直接是为生产某种产品发生的，应根据领料凭证直接计入该产品成本；如果是为生产多种产品共同发生的，就需要采用较合理又较简便的分配方法，分配计入各种产品。在材料消耗定额比较准确的情况下，对于几种产品共同耗用的原材料，一般运用材料定额消耗量的比例或材料定额费用的比例进行分配。

① 材料定额消耗量比例法

定额消耗量是指一定产量下按照消耗定额计算的可以消耗的数量。采用定额消耗量比例分配共同耗用的材料，先根据各种产品实际产量乘以单位耗用定额，求得各产品定额耗用量；再根据共同耗用的材料实际消耗数除以产品定额耗用总量，求出费用分配率；然后根据分配率和各有关产品定额耗用量算出各有关产品应分配的实际材料数量；最后将各种产品实际耗用数量与原材料单价相乘之积即为应分配直接材料费。其计算过程可以用下列公式表示：

某种产品材料定额消耗量= 该产品实际产量×单位产品材料消耗定额

$$\text{材料消耗量分配率}=\frac{\text{材料实际消耗总数}}{\text{各种产品材料定额消耗总量}}$$

某种产品应分配的材料数量=该种产品的材料定额消耗量×材料消耗量分配率

某种产品应分配的材料费用= 该种产品应分配的材料数量×材料单价

② 材料定额费用比例法

材料定额费用比例法是先根据各种产品实际产量和单位产品该种材料费用定额计算出各种产品材料定额费用；再根据材料实际费用总额和各种产品材料定额费用之和算出材料费用分配率；最后根据各种产品材料定额费用和材料费用分配率计算出各种产品应分配负担的材料费用。其计算公式如下：

某种产品材料定额费用= 该种产品实际产量×单位产品该种材料消耗定额

$$\text{材料费用分配率}=\frac{\text{各种材料实际费用总额}}{\text{各种产品材料定额费用之和}}$$

某种产品应负担材料费用=该种产品各种材料定额费用之和×材料费用分配率

（2）燃料费用分配的核算

燃料费用分配的程序和方法与原材料分配的程序和方法相同。

燃料费用比重较大，与动力费用一起专门设立“燃料和动力”成本项目的情况下，企业应增设“燃料”账户，将燃料费用单独进行分配。直接用于产品生产的燃料，如果领用时能分清产品归属，应根据领退料凭证直接记入各该产品成本的“燃料和动力”成本项目；如领用时不能分清产品归属，应采用适当的分配方法，分配记入各有关产品成本的该成本项目。分配的标准可以是燃料的定额消耗量或定额费用，也可以是产品的重量体积等与燃料消耗相关的标准。直接用于辅助生产的燃料费用、用于生产车间一般消耗的燃料费用、专设销售机构耗用的燃料费用及管理部门用于组织和管理生产经营活动的燃料费用，应分别分配记入“辅助生产成本”、“制造费用”、“销售费用”和“管理费用”等账户的借方。已领用的燃料总额，应记入“燃料”账户的贷方。

3. 周转材料的处理

周转材料是指企业能够多次使用、逐渐转移其价值但仍保持原有形态不确认为固定资产的材料，如包装物和低值易耗品，应当采用一次摊销法或者五五摊销法进行摊销；企业（建造承包商）的钢模板、木模板、脚手架和其他周转材料等，可以采用一次摊销法、五五摊销法或者分次摊销法进行摊销。

(1) 一次摊销法

一次摊销法也称一次转销法。采用这种方法，在领用时，应按其账面价值，借记“管理费用”、“生产成本”、“销售费用”等科目，贷记“周转材料”科目。周转材料报废时，应按周转材料的残料价值，借记“原材料”等科目，贷记“管理费用”、“生产成本”、“销售费用”等科目。

(2) 五五摊销法

五五摊销法又称五成法，是指周转材料在领用时摊销其价值的一半，在报废时再摊销其价值的一半。摊销时，借记“制造费用”、“管理费用”等科目，贷记“周转材料”科目。

(3) 分次摊销法

分次摊销法是根据领用周转材料的原值和预计使用期限计算的每月平均摊销额，将其价值分月摊入产品成本的方法。分摊时，借记“制造费用”、“管理费用”等科目，贷记“周转材料”科目。周转材料报废时应补提摊销额，同时，按报废周转材料的残料价值，借记“原材料”等科目，贷记“管理费用”、“生产成本”、“销售费用”等科目，并转销全部已提摊销额。周转材料采用计划成本进行日常核算的，领用周转材料时，还应结转应分摊的成本差异。

（三）外购动力费用的归集和分配

企业耗用的动力如电力、蒸汽等，可能来源于外购和自制两个方面。自制动力由于其费用归集于辅助生产车间，故其费用的归集和分配属于辅助生产费用的核算，将在第四章讲述。本节讨论外购动力费用的归集和分配。

1. 外购动力费用的归集

为正确计算产品成本，企业归集的本期外购动力费用，应该是本期期初至期末止为本期所实际耗用的动力费用，而不论其是否已经支付款项。外购动力费用一般不是在每月月末支付，而是在每月上、中旬的某日支付，支付的是上月付款日至本月付款日这一期间的动力费用。因此本月支付的费用并不一定等于本月应归集和分配的外购动力费用。在实际工作中，支付和分配外购动力费用一般通过“应付账款”账户核算，即在付款时先作为负债的减少，借记“应付账款”账户，贷记“银行存款”账户；月末，按本月应分配的费用数在受益部门分配时，再借记各成本、费用账户，贷记“应付账款”账户。按照上述方法核算，“应付账款”账户借方所记本月所付动力费用与贷方所记本月应付动力费用往往不相等，从而出现月末余额。如果是借方余额，为本月支付款大于应付款的多付动力费用，相当于预付款，可以冲抵下月应付费用；如果是贷方余额，为本月应付款大于支付款的应付未付动力费用，可以在下月支付。尤其在供电部门预收电费然后供电的情况下，“应付账款”反映的外购动力费用经常是借方余额。

如果每月支付动力费用的日期基本固定，而且每月付款日到月末的应付动力费用相差不大，这种情况下也可以不通过“应付账款”账户核算，而将每月支付的动力费用作为归集的应付动力费用，按受益部门和受益数量进行分配，付款时直接借记各成本、费用账户，贷记“银行存款”账户。因为在这种情况下，各月付款日到月末的应付动力费用可以相互抵消，不影响各月动力费用核算的正确性。

2. 外购动力费用的分配

外购动力有的直接用于产品生产，例如车间设备动力用电、生产工艺用电；有的间接用于生产，例如生产车间照明采暖用电；有的用于经营管理，如行政管理部门照明用电。这些动力费用的分配，在有仪表记录的情况下，应根据仪表所示耗用动力的数量以及动力的单价计算。在没有仪表的情况下，可按生产工时的比例、机器功率时数（机器功率×机器工作工时）的比例或定额消耗量的比例分配。各车间、部门的动力用电和照明用电一般都分别装有电表，因此外购电力费用在各车间、部门的动力用电和照明用电之间，一般按用电度数分配。车间的动力用电，一般无法按产品分别安装电表，因而，车间动力用电费在各种产品之间一般按产品的生产工时、机器工时、定额耗电量等分配标准进行分配。如果产品成本明细账专设有“燃料和动力”成本项目，则产品所用应负担的动力用电、工艺用电及燃料费用，应单独记入“基本生产成本”总账及所属有关产品成本明细账中“燃料和动力”成本项目。直接用于辅助生产的动力费用，用于基本生产的间接动力费用（如车间照明电费），用于组织和管理生产经营活动的动力费用（如行政管理部门照明电费），用于生活福利设施的动力费用，应分别记入“辅助生产成本”、“制造费用”、“管理费用”、“应付职工薪酬”总账账户和所属明细账的借方。外购动力费用总额应根据相关的转账凭证或付款凭证记入“应付账款”或“银行存款”账户的贷方。

（四）工资费用的归集和分配

1. 工资费用的归集

会计部门应该根据计算的每个职工工资，按车间、部门分别编制工资结算单，单中按照职工类别和姓名分行填列应付每一职工的各种工资、代发款项（如代发交通补贴、冷饮费等）、代扣款项（如代扣住房公积金、养老保险金、失业保险金、医疗保险金、工会费、个人所得税等）和应发金额，作为与职工进行工资结算的依据。在工资结算单中，应付工资的金额即为归集的应分配计入成本、费用的工资费用。

但为了汇总反映各车间和部门应付工资、代扣款项、实发金额的情况，一般都要根据工资结算单，按车间、部门编制“工资结算汇总表”。

2. 工资费用的分配

企业对每月发生的工资费用，应按其用途和财务制度的有关规定进行分配，计入本月的成本、费用或在规定的资金渠道列支。

（1）基本生产车间产品生产工人的工资，记入“基本生产成本”账户借方及所属明细账的“直接人工”成本项目。

（2）基本生产车间管理人员的工资，记入“制造费用”账户借方。

（3）行政管理人员的工资及长期病假人员的工资，记入“管理费用”账户借方。

（4）专职销售人员的工资，记入“销售费用”账户借方。

（5）从事基本建设工程的人员工资，记入“在建工程”账户借方。

（6）生活福利部门人员的工资，记入“应付职工薪酬”账户借方，由职工福利费列支，不计入成本费用。

（7）辅助车间工人、管理人员的工资，如企业分设“辅助生产成本”和“制造费用——辅助车间”账户核算的，分别记入上述账户借方；如企业辅助生产费用均在“辅助生产成本”账户核算，则将辅助车间的工资费用均记入“辅助生产成本”

账户借方；已分配的工资总额，应记入“应付职工薪酬”账户的贷方。如果有未参加劳动保险社会统筹的职工，其离退休工资仍由企业发放，但他们的工资不属于工资总额的范围，不应通过“应付职工薪酬”账户核算，在发放时直接借记“管理费用”账户，贷记“库存现金”或“银行存款”账户。

在分配基本生产车间工人的工资费用时，其计件工资属于直接计入费用，只需直接计入该产品的成本明细账的“直接人工”成本项目。而计时工资、奖金、津贴及补贴等工资费用一般属于间接计入费用，应按直接计入工资的比例或生产工时比例，分配计入有关产品成本的“直接人工”成本项目。如果取得各产品的实际生产工时数据比较困难，而各种产品的单件工时定额比较准确，也可以按产品的定额工时比例分配工资费用。

（五）其他支出等要素费用

1. 折旧费的归集和分配

进行折旧费用的核算，先要计算折旧，然后要分配折旧费用。

一般企业固定资产折旧的计算方法主要是年限平均法；对于大型单台设备，也可用工作量法。在某些行业，报经备案后可采用双倍余额递减法或年数总和法。采用不同方法计算的各期折旧费用是不同的，因而直接影响企业某期的成本、费用水平。企业应注意选择适当的折旧计算方法。某项固定资产的折旧方法一经确定，不得随意变更。

基本生产车间的设备、房屋等的折旧额，应计入“制造费用”账户。其他部门使用的固定资产折旧，按其使用地点和用途，计入有关成本、费用账户。一般而言，折旧费用的分配方法是：

基本生产车间的折旧费用，记入“制造费用”账户；

辅助生产车间的折旧费用，记入“辅助生产成本”账户；

行政管理部门的折旧费用，记入“管理费用”账户；

专设销售机构的折旧费用，记入“销售费用”账户；

经营租出固定资产计提的折旧，记入“其他业务支出”账户。

固定资产折旧一般应按月计提。月末，会计部门应根据计算的结果，编制“折旧费用分配表”，据以进行折旧的账务处理。

三、辅助生产费用的归集和分配

辅助生产费用的归集，是通过“辅助生产成本”账户进行的。辅助生产车间发生的直接费用，如直接材料、直接人工等，直接记入“辅助生产成本”账户的借方。发生的制造费用，如折旧费、修理费等一般先通过“制造费用——××辅助生产车间”账户借方归集，月末再转入“辅助生产成本”账户的借方。

辅助生产车间所发生的各项费用，已全部归集到“辅助生产成本”账户的借方，月份终了，辅助生产成本应按照一定的方法和分配比例分配给各受益对象。企业辅助生产车间如果生产工具、模具等产品，应在产品完工时，借记“周转材料”、“原材料”等账户，贷记“辅助生产成本”账户。辅助生产车间提供的水、电、汽、修理、运输等劳务所发生的费用，要在各受益单位之间按照标准所耗用数量或其他比例进行分配，借记“基本生产成本”、“制造费用”、“管理费用”等账户，贷记“辅助生产成本”账户。

辅助生产费用的分配方法主要有直接分配法、交互分配法、计划成本分配法、代数分配法和顺序分配法。

四、制造费用与损失性费用的归集和分配

制造费用是指制造业为生产产品和提供劳务而发生的不能直接计入产品成本的各项间接费用，包括车间管理人员工资及福利费、机物料消耗、折旧费、修理费、办公费、水电费、劳动保护费、租赁（不包括融资租赁）费、试验检验费、周转材料摊销以及季节性及修理期间停工损失等。

制造费用的归集和分配应该通过“制造费用”总账账户进行。该账户应按不同的车间、部门设立明细账，账内再按照费用项目设立专栏，分别反映各车间、部门制造费用的发生情况。“制造费用”账户是集合分配账户，借方反映制造费用的实际发生数，贷方反映制造费用的分配数，除按年度计划分配率法分配制造费用的企业外，“制造费用”账户月末应无余额。在归集制造费用时，应根据费用发生的有

关凭证和各种费用分配表，如前述各种要素费用分配表，借记“制造费用”账户，贷记各有关账户。

制造费用分配是否准确合理，关键在于选择适当的分配标准。分配制造费用的方法很多，常用的有生产工人工时比例法、生产工人工资比例法、机器工时比例法和年度计划分配率分配法等。

五、生产费用在完工产品和在产品之间的分配

为了计算完工产品成本，还需要加上月初在产品成本，然后将其在本月完工产品和月末在产品之间进行分配，计算出本月产成品的成本。

月初在产品的成本、本月发生的费用、本月完工产品成本、月末在产品成本之间存在以下关系：

月初在产品成本+本月生产费用=本月完工产品成本+月末在产品成本

企业应根据在产品数量以及各月在产品数量的变化情况、各项生产费用所占比重的大小和企业管理情况，选择合适的分配方法，将生产费用在完工产品和在产品之间进行分配。常用的分配方法如下：

（一）不计算在产品成本法

该方法主要适用于企业各月末在产品数量较少，并且各月在产品数量变动不大，且不计算在产品成本对完工产品成本影响很小的情况。

此种情况下，为了简化计算产品成本的工作，不计算月末在产品成本，某月某种产品发生的生产费用全部由当月完工产品成本来承担。

（二）在产品按固定成本计价法

在产品按固定成本计价法主要适用于虽然企业既有本月完工产品，又有月末在产品，但各月月末在产品成本较小，或者各月月末在产品成本虽然较大，但是各月月末在产品成本变动不大的情况。

采用这种方法，可以将年初在产品成本作为前 11 个月各月月末在产品成本；年末时，再采用约当产量法或定额比例法将 12 月份的产品成本计算单位中归集的全部生产费用，包括月初在产品成本和本月发生的生产费用。将这些生产费用在 12 月份

完工产品和月末在产品之间进行具体分配，从而重新计算年末在产品成本。如果各月月末在产品成本较小，月初在产品成本与月末在产品成本之差就更小，因此，将年初在产品成本作为前 11 个月各月月末在产品成本，既可以简化产品成本计算工作，又不会影响产品成本计算的准确性。如果各月月末的在产品成本较大，但各月月末在产品成本金额变动不大，那么，各月月初在产品成本与月末在产品成本之差并不大，以年初在产品成本作为前 11 个月各月月末在产品成本也不会影响产品成本计算的准确性。

（三）在产品按原材料费用计价法

在产品按原材料费用计价法是指月末在产品只计算其耗用的直接材料费用，不计算直接人工费用、制造费用等加工费用，即产品的加工费用全部由完工产品成本负担。

采用这种方法，本月完工产成品成本等于月初在产品材料成本加上本月发生的全部生产费用，再减去月末在产品材料成本。该方法主要用于各月月末在产品数量很大的产品、各月月末在产品数量变化很大的产品、原材料费用在产品成本中所占比重较大的产品。

利用该种方法进行成本计算时，主要分以下几个步骤：

1. 将原材料费用在完工产品与在产品之间进行分配

$$原材料费用分配率=\frac{月初原材料费用+本月原材料费用}{完工产品产量+在产品产量}$$

完工产品原材料成本=完工产品产量×原材料费用分配率

在产品原材料成本=在产品产量×原材料费用分配率

2. 计算月末在产品成本

月末在产品成本=月末在产品应负担的原材料成本

3: 计算月末产成品成本

月末产成品成本=月初在产品成本+本月发生生产费用-月末在产品成本=月初在产品原材料成本+本月发生生产费用-月末在产品原材料成本=月末产成品应负担的原材料成本+本月直接人工费用+本月制造费用

（四）约当产量法

约当产量法是先将月末实际结存的在产品数量，按其完工程度折合为相当于完工产品产量，然后按照完工产品产量与月末在产品约当产量的比例分配计算完工产品成本与月末在产品成本的方法。由于在产品的各项费用的投入程度不同，因此要分成本项目计算在产品的约当产量。

通常，原材料按投料程度计算约当产量，工资和其他费用则按加工程度计算约当产量。约当产量比例法适用于月末在产品数量较多、各月间在产品数量变动较大、产品成本中原材料费用与其他各项费用所占比重相差不大的产品。

如果材料是在生产开始时一次投入的，在这种情况下，每件完工产品与每件月末在产品所耗用的直接材料费用是一样（即相等）的，因此，不论在产品完工程度如何，其直接材料费用可按完工产品和在产品的数量平均分配。

如果原材料是在生产过程中陆续投入的，则需分别按其投料所在工序的加工程度计算约当产量。

按约当产量比例分配完工产品和在产品成本的计算公式为：

在产品约当产量=在产品数量×加工程度（或投料程度）

$$\text{费用分配率}=\frac{\text{期初在产品成本}+\text{本期生产费用}}{\text{完工产品产量}+\text{期末在产品约当量}}$$

完工产品成本=完工产品产量×费用分配率

月末在产品成本=在产品约当产量×费用分配率

（五）在产品按完工产品成本计算法

在产品按完工产品成本计算法是将在产品视同已经完工的产品，按照月末在产品数量与本月完工产品数量的比例来分配生产费用，以确定月末在产品成本和本月完工产品成本的方法。

这种方法适用于月末在产品已经接近完工，只是尚未包装或尚未验收入库的情形。因为这种情况下的在产品成本已经接近完工产品成本，为了简化产品成本计算工作，在产品可以视同完工产品，按两者的数量比例分配直接材料费用和直接人工费用、制造费用等各项加工费用。

采用这种方法计算在产品成本的公式为：

$$\text{费用分配率}=\frac{\text{某项生产费用合计}}{\text{完工产品数量}}$$

（六）在产品按定额成本计价法

在产品按定额成本计价法是将月末在产品的费用按各项费用定额计算，亦即月末在产品成本按其数量和单位定额成本计算，实际的生产费用与定额费用的差异均计入当月完工产品成本。

采用在产品按定额成本计价法，月末在产品成本按定额成本计算，该种产品的全部成本（如果有月初在产品，包括月初在产品成本在内）减去按定额成本计算的月末在产品成本，余额作为完工产品成本；每月生产成本脱离定额的节约差异或超支差异全部计入当月完工产品成本。这种方法应事先经过调查研究、技术测定或按定额资料，对各个加工阶段上的在产品，直接确定一个单位定额成本。

其计算公式如下：

某产品月末在产品定额成本=月末在产品数量×在产品单位定额成本

某产品完工产品总成本=该产品本月生产费用合计-该产品月末在产品定额成本

（七）定额比例法

定额比例法是产品的生产费用按照完工产品和月末在产品的定额消耗量或定额费用的比例，分配计算完工产品成本和月末在产品成本的方法。其中，原材料费用按照原材料定额消耗量或原材料定额费用比例分配；工资和福利费、制造费用等各项加工费，可以按定额工时的比例分配，也可以按定额费用比例分配。

这种分配方法适用于定额管理基础较好，各项消耗定额或费用定额比较准确、稳定，各月末在产品数量变动较大的产品。

定额比例法计算公式如下：

（1）$消耗量分配率=\frac{月初在产品实际消耗量+本月实际消耗量}{完工产品定额消耗量+月末在产品定额消耗量}$

（2）完工产品实际消耗量=完工产品定额消耗量×消耗量分配率

（3）完工产品费用=完工产品实际消耗量×原材料单价（或单位工时的工资、费用）

（4）月末在产品实际消耗量=月末在产品定额消耗量×消耗量分配率

（5）月末在产品费用=月末在产品实际消耗量×原材料单价（或单位工时的工资、费用）

材料成本和工资、费用都可按此步骤进行分配。

六、产品成本计算方法

（一）品种法

品种法是指以产品品种作为成本核算对象，归集和分配生产成本，计算产品成本的一种方法。这种方法一般适用于单步骤、大量生产的企业。

品种法成本计算的程序，一般可按以下三个步骤进行：

（1）按产品品种设置基本生产成本明细账，按成本项目设置专栏。如有上月月末在产品，应按成本项目记入明细账期初在产品成本栏。

（2）根据各种费用分配表，将各项费用分别按产品品种计入各成本明细账中各有关成本项目。其中：直接费用，如产品所耗材料燃料动力、生产产品工人工资及福利费等，根据材料、燃料、外购动力、工资、福利费等分配表直接计入；间接费用，如机物料消耗、折旧费、修理费等，先按其发生地计入“制造费用”账户，月末再按适当的方法分配计入。

（3）月末，将各种产品成本明细账中按成本项目归集的期初在产品成本和本月生产费用分别加总，求得各成本项目费用合计数，然后选用适当的方法将各成本项目费用分为完工产品负担和期末在产品负担两个部分，将各成本项目中的由完工产品负担的费用加总，即为本期该产品完工总成本；总成本除以该产品产量，即为该产品单位成本。

（二）分批法

分批法是按照产品批别归集生产费用、计算产品成本的一种方法。在小批单件生产的企业中，企业的生产活动基本上是根据定货单位的订单签发工作号来组织生产的。按产品批别计算产品成本，往往与按定单计算产品成本相一致，因而分批法也叫定单法。

分批法成本计算的程序，一般可按以下三个步骤进行：

（1）按产品批别设置产品基本生产成本明细账、辅助生产成本明细账，账内按成本项目设置专栏；按车间设置制造费用明细账；同时设置预付账款、长期待摊费用等明细账。

（2）根据各生产费用的原始凭证或原始凭证汇总表和其他有关资料，编制各种要素费用分配表，分配各要素费用并登账。对于直接计入费用，应按产品批别列示并直接计入各个批别的产品成本明细账；对于间接计入费用，应按生产地点归集，并按适当的方法分配计入各个批别的产品成本明细账。

（3）月末根据完工批别产品的完工通知单，将计入已完工的该批产品的成本明细账所归集的生产费用，按成本项目加以汇总，计算出该批完工产品的总成本和单位成本并转账。如果出现批内产品跨月陆续完工并已销售或提货的情况，这时应采用适当的方法将生产费用在完工产品和月末在产品之间分配，计算出该批已完工产品的总成本和单位成本。

（三）分步法

分步法又称产品成本计算分步法，是以产品生产步骤和产品品种为成本计算对象来归集和分配生产费用、计算产品成本的一种方法。该方法适用于连续、大量、多步骤生产的工业企业。从原材料投入到产品完工，要经过若干连续的生产步骤，除最后一个步骤生产的是产成品外，其他步骤生产的都是完工程度不同的半成品。这些半成品，除少数可能出售外，都是下一步骤加工的对象。因此，企业应按步骤、按产品品种设置产品成本明细账，分别成本项目归集生产费用。

分步法分为逐步结转分步法和平行结转分步法。

逐步结转分步法也称顺序结转分步法，它是按照产品连续加工的先后顺序，根据生产步骤所汇集的成本、费用和产量记录计量自制半成品成本，自制半成品成本随着半成品在各加工步骤之间移动而顺序结转的一种方法。

平行结转分步法指半成品成本并不随半成品实物的转移而结转，而是在哪一步骤发生就留在该步骤的成本明细账内，直到最后加工成产成品，才将其成本从各步骤的成本明细账转出的方法。

七、成本报表的编制和分析

成本报表属于内部报表，由企业自行设计和填制，按其反映的经济业务内容的不同，成本报表可以分为产品生产成本表、主要商品产品单位成本表、制造费用明细表、财务费用明细表和销售费用明细表等。其主要内容如图 1-2 所示。

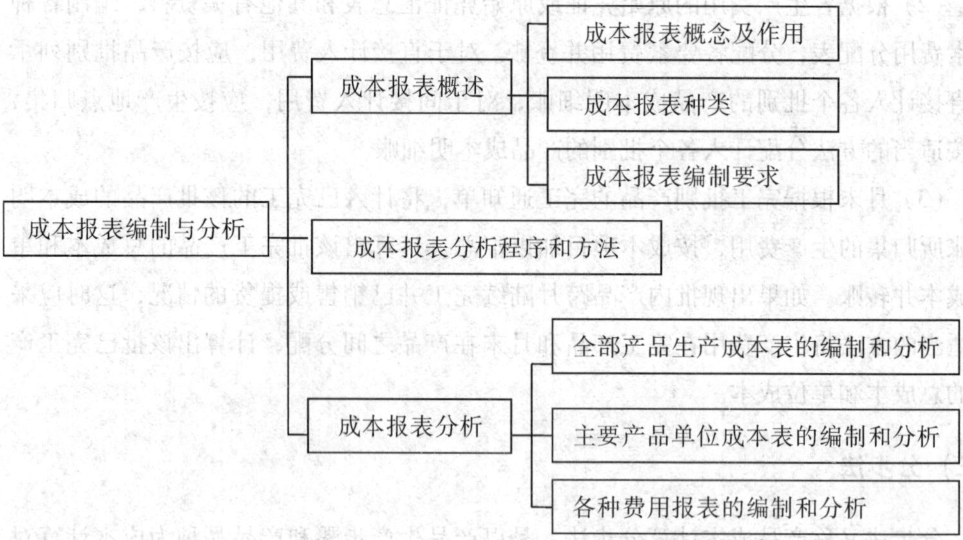

图 1-2　成本报表编制与分析的主要内容

（一）商品产品成本表的编制和分析

产品生产成本表按照产品种类、按成本项目、按产品形态进行编制。

1. 按产品种类编制的产品生产成本表

该表是按产品种类汇总反映企业在报告期间内生产的全部产品的单位成本和总成本的报表。该表一般可以分为实际产量、单位成本、本月总成本和本年累计总成本四部分。

（1）按产品种类反映的产品生产成本表，一般将全部产品分为可比产品和不可比产品两大类，填列在“产品名称”栏内。所谓可比产品，是指企业上一年度正式生产过并具有上年度成本资料可供比较的产品。所谓不可比产品，是指企业上一年度没有正式生产过因而没有上年度或前期成本资料可供比较的产品。

（2）“实际产量”栏，一般可分为“本月”和“本年累计”两小栏，分别填列本月和从年初至本月末止各种产品的实际产量，可根据“成本计算单”或“库存商品明细账”的记录计算填列。

（3）“单位成本”栏，一般分为四小栏：①“上年实际平均”栏，可根据上年12 月份本表所列的各种本年度继续生产的可比产品“本年累计实际平均单位成本”资料填列，用以反映可比产品上年实际平均单位成本；②“本年计划”栏，应根据本年成本计划的有关数据填列，用以反映各产品的本年计划单位成本；③“本月实际”栏，可直接根据各产品的本月“成本计算单”填列，用以反映各产品本月实际单位成本；④“本年累计实际平均”栏。

（4）“本月总成本”栏，一般可分为三小栏：①“按上年实际平均单位成本计算”栏，将各可比产品的上年实际平均单位成本乘以本月实际产量计算填列，用以反映按上年实际平均单位成本计算的本月总成本；②“按本年计划单位成本计算”栏，将各产品的本年计划单位成本乘以本月实际产量计算填列，反映本月各产品的计划总成本；③“本月实际总成本”栏，可根据本月各产品“成本计算单”资料填列。

（5）“本年累计总成本”栏一般可分为三小栏：“按上年实际平均单位成本计算”栏与“按本年计划单位成本计算”栏，数据均以本年累计实际产量为依据，分别乘以上年实际平均单位成本或本年计划单位成本；“本年实际”栏，应根据上月本表的“本年实际”栏与本月本表的“本月实际总成本”栏相加之和填列，反映本年实际累计成本。

2. 按成本项目编制的产品生产成本表

该表是按产品成本项目的汇总反映企业在报告期内发生的全部生产费用以及产品生产总成本的报表。该报表的项目一般可分为生产费用和产品生产成本两部分。其中生产费用部分应按照产品成本项目分别反映报告期内发生的直接材料费用、直接人工费用和制造费用部分以及生产费用合计数；产品生产成本部分是在生产费用合计数的基础上，加上在产品和自制半成品的期初余额，减去在产品和自制半成品的期末余额，计算产品生产成本合计数。该报表的栏目共四栏，即“上年实际”、“本年计划”、“本月实际”和“本年累计实际”。其中“本月实际”栏可以根据本月各产品成本计算单中各相应的产品成本项目汇总填列；“本年累计实际”栏应根据上月本表的“本年累计实际”数据加上“本月实际”相应数据之和填列；“上年实际”栏即本表上年12月份的“本年累计实际”栏；“本年计划”栏应根据相应的计划资料填列。

3. 按产品性态编制的产品生产成本表

该表是按成本性态将产品成本分解为变动成本和固定成本，再分别按变动成本和固定成本汇总反映企业在报告期内全部商品产品的成本报表。该报表的成本项目分变动成本与固定成本两部分，其中变动成本由直接材料费用、直接人工费用和变动制造费用三项组成，而固定成本仅指固定制造费用。该报表也可分为“上年实际”、“本年实际”、“本月实际”、“本年累计实际”四栏，其填列方法与按成本项目反映的相近。

按产品类别进行成本分析既可以确定产品成本升降究竟是由哪种产品引起的，

也便于具体研究全部产品成本水平的变动情况。具体分析时应用如下公式分别计算确定全部产品、可比产品和不可比产品成本的降低额和降低率。

$$成本降低额=实际产量的计划(或上年)总成本-实际产量的实际总成本$$
$$=\sum[实际产量\times(计划或上年单位成本-实际单位成本)]$$

$$成本降低率=\frac{成本降低额}{实际产量的计划或上年总成本}\times 100\%$$
$$=\frac{成本降低额}{\sum(实际产量\times 计划或上年单位成本)}\times 100\%$$

按产品类别进行分析固然能清晰地了解各种产品的成本升降情况，但究竟是哪些成本项目引起的升降还不甚清楚，因而有必要将全部产品成本按成本项目类别进行分析。按成本项目类别进行分析，就是将全部产品的总成本按成本项目类别进行实际总成本与计划总成本对比，然后来确定每个成本项目的降低额和降低率。其计算公式为：

$$成本降低额=实际产量的计划(或上年)总成本-实际产量的实际总成本$$
$$=\sum[实际产量\times(某产品该成本项目的计划或上年单位成本-实际单位成本)]$$

$$成本降低率=\frac{成本降低额}{实际产量的计划或上年总成本}\times 100\%$$
$$=\frac{成本降低额}{\sum(实际产量\times 某产品该成本项目的计划或上年单位成本)}\times 100\%$$

通过按成本项目类别的分析，可以确定全部产品成本实际与计划（或上年）的差异主要是因哪些成本项目变动产生的结果，从而进一步抓住重点项目来研究成本升降的原因，以便企业在日后的成本管理工作中抓住关键，确定日后重点关注的方向。

按成本项目类别分析的资料来源可借助于产品单位成本表及有关成本计划资料等。

还可以按照可比产品成本法进行成本分析。

可比产品成本降低任务是在编制成本计划时确定的，它主要是反映本年计划成本与上年成本的差异，该差异可以用绝对数和相对数表示，可分别称为计划降低额和计划降低率，其计算公式为如下：

$$可比产品成本计划降低额 = \sum[计划产量 \times (上年实际单位成本 - 本年计划单位成本)]$$

$$可比产品成本计划降低率 = \frac{可比产品成本计划降低额}{\sum(计划产量 \times 上年实际单位成本)} \times 100\%$$

可比产品成本实际完成情况是通过实际核算资料来确定的，它主要是反映本年实际成本与上年成本的差异，该差异也可以用绝对数和相对数表示，可分别称为实际降低额和实际降低率。其计算公式如下：

$$可比产品成本实际降低额 = \sum[实际产量 \times (上年实际单位成本 - 本年实际单位成本)]$$

$$可比产品成本实际降低率 = \frac{可比产品成本实际降低额}{\sum(实际产量 \times 上年实际单位成本)} \times 100\%$$

可比产品成本降低任务完成情况的分析，是指通过找出实际完成情况与计划降低任务的差距，分析产生差距的原因，区分有利因素和不利因素，从而进一步挖掘降低成本的潜力。分析对象可以从绝对数和相对数两个方面反映，其计算公式如下：

降低额=实际降低额-计划降低额

降低率=实际降低率-计划降低率

影响可比产品成本降低计划完成的三个因素是产品产量、产品品种结构和单位成本。影响可比产品成本降低率的因素只有产品品种结构和产品单位成本两个因素，产品产量不影响可比产品成本降低率。

（二）主要产品单位成本表的编制

主要产品单位成本表是反映企业在报告期内生产的各种主要产品单位成本构成情况的报表。该表是按企业生产的主要产品分别编制的，是对产品成本表中某些主要产品的进一步补充说明。

该表一般由按成本项目反映的单位成本和主要技术经济指标两部分组成。该表的单位成本部分是最主要的组成部分，可以“分别按历史先进水平”、“上年实际平均”、“本年计划”、“本月实际”和“本年累计实际平均”等栏目列示各种单位成本资料，便于多角度分析比较。该表的技术经济指标部分，主要反映原料、主要材料、燃料和动力的消耗数量。

该表的表首部分，“本月实际产量”栏应根据产品成本明细账或库存商品成本汇总表填列；本年累计实际产量应根据上月本表的本年累计实际产量，加上本月实际产量计算填列，销售单价应根据商品定价表资料填列。

表中基本部分，“历史先进水平”栏应根据本企业历史上该种产品成本最低年度本表的实际平均单位成本填列；“上年实际平均”栏应根据上年度本表的实际平均单位成本填列；“本年计划”栏应根据本年度的成本计划填列；“本月实际”栏应根据该种产品成本明细账或库存商品成本汇总表中有关本月的资料填列；“本年累计实际平均”栏应根据该产品的成本明细账所记录的自年初起至报告期末止完工入库总成本除以本年累计实际产量计算填列。且上述除“历史先进水平”外，其余各栏目的“生产成本合计”应与“全部产品生产成本表（按产品种类反映）”相应的单位成本相符。

主要产品单位成本分析包括两方面的内容：一是单位成本计划完成情况分析，二是成本项目的分析。主要产品单位成本计划完成情况分析应该根据企业内部的主要产品单位成本表的具体资料，利用比较分析法，分析本期实际单位成本比计划、比上期、比本企业历史先进水平及先进企业成本水平的升降情况，然后按成本项目进行对比分析，分别确定各成本项目的消耗定额差异和价格差异。必要时要进一步分析产品产量变动、产品质量水平变动对单位成本的影响。在进行主要产品单位成本比较分析的基础上，按直接材料、直接人工、制造费用三个成本项目进行分析，查明造成单位成本升降的具体原因。

（三）费用明细表的编制和分析

费用明细表一般是按费用项目设置，分别反映各项费用的本年计划数、上年实际数和本年累计实际数。费用明细表各项目的填列方式如下：

（1）“费用项目”栏应该根据会计准则和企业会计制度及企业具体情况确定的费用项目填列。

（2）“本年计划数”栏应根据年度计划每一费用项目计划数填列。

（3）“上年实际数”栏应该根据上年本表的“本年累计实际数”填列。

（4）“本年累计实际数”栏应该根据相关费用明细账的有关记录填列。

费用明细表的分析主要是对各费用明细表中的费用总额以及各个费用项目的本年累计实际数与上年同期的实际数相比较，以便了解各项目费用与上年相比的增减情况。本年实际数与本年计划数相比，能确定实际脱离计划的差异，从而可分析产生差异的原因。

第二部分

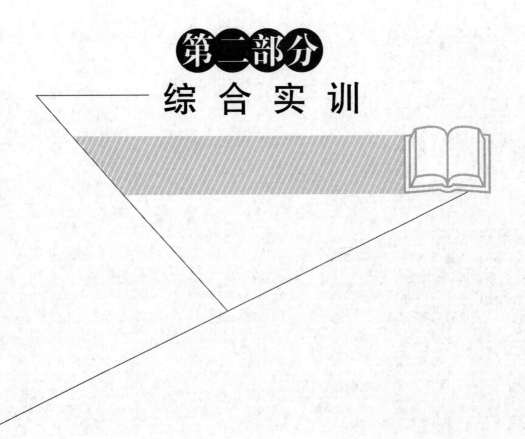

综 合 实 训

一、实训目的

通过模拟一家制造类企业生产产品的全过程和实际交易，使学生对制造业产品成本的核算程序及方法有一个认识和了解，以达到培养学生动手能力、提高综合素质的目的。

二、实训步骤

（1）按产品品种开设成本计算单或设置成本明细账，并按成本项目设置专栏。有月初在产品的产品，还应在成本明细账中登记月初在产品成本。

（2）根据各项生产费用发生的原始凭证和其他有关资料，编制各要素费用分配表，分配各项要素费用。

（3）根据各要素费用分配表及其他费用凭证，登记产品成本计算单、辅助生产成本明细账、制造费用明细账、管理费用明细账等有关的明细账。

（4）根据辅助生产成本明细账，编制辅助生产成本分配表，采用适当的分配方法，在各受益者之间分配，并登记有关费用明细账。

（5）根据制造费用明细账归集的全月费用，编制制造费用分配表，在车间各种产品之间分配费用，并据以登记各产品成本计算单。

（6）根据产品成本计算单所归集的全部费用，采用适当的方法在完工产品与在产品之间分配，计算当月完工产品与在产品的成本；编制完工产品成本汇总表，计算各种完工产品的总成本和单位成本。

成本计算程序见图 2-1。

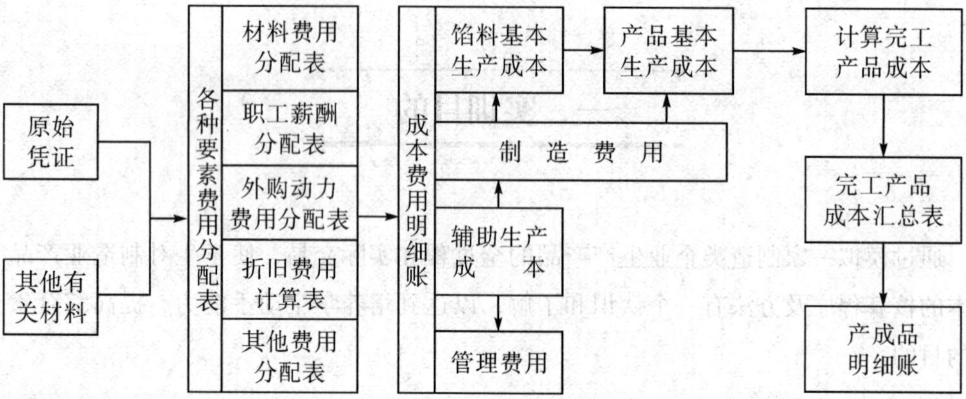

图 2-1　成本计算程序

三、实训要求

1. 实训工作流程

（1）根据有关原始凭证编制各种费用分配表，并编制记账凭证。

（2）登记“辅助生产费用”明细账和“制造费用”明细账。

（3）采用直接分配法对辅助生产费用进行分配，编制“辅助生产费用分配表”及记账凭证（分配率保留四位小数，结果保留两位小数）。

（4）按产品直接材料费用比例分配各车间制造费用，编制“制造费用分配表”及记账凭证（分配率保留四位小数，结果保留两位小数，尾差由最后一种产品负担）。

（5）登记基本生产成本明细账（按产品品种设置成本明细账）；计算各种产品成本；编制记账凭证，结转产品成本。

（6）编制成本报表。

2. 综合实训成本计算岗位设置与职责

综合实训可以分小组进行。小组分设：会计主管，负责全部财务工作；出纳员，负责办理库存现金、银行存款的收付工作，登记库存现金日记账和银行存款日记账；会计，负责财务工作的日常审核，编制记账凭证；成本核算员，负责费用分配表的编制，登记成本费用明细账，编制成本报表和进行成本分析；记账员，负责总账和其他明细账的登记工作。

3. 实训用纸

（1）记账凭证。

（2）多栏式明细账。本实训只登记“基本生产成本”、“辅助生产成本”和“制造费用”明细账。

4. 本实训课程教学实践为4~5天（36课时）

5. 出勤及课程表现占20%，学生实训作业占60%，实训报告占20%。

四、实训资料

（一）企业概况

1. 企业性质及经营范围

企业名称：金莱瑞食品有限公司（以下简称“金莱瑞”）

企业地址：绵阳市高新区双碑中街　电话：0816-2354112

法定代表人：张树高

经营范围：粽子、月饼生产

纳税人登记号：510612117335866

开户行及账号：工行涪城支行 540611924342

2. 生产经营过程概述

企业内设采购部，下设原料库和周转材料库；生产部下设三个基本生产车间（馅料车间、粽子车间、月饼车间）和两个辅助生产车间（机修车间、运输车间）。生产类型为连续式多步骤生产企业，生产用原材料系每步骤生产开始时一次投入，各种产品的生产工序均集中于各基本生产车间内完成。馅料车间完工的各种产品直接由基本生产车间领用。产品完工后经质检人员检验合格的由车间交成品库。

（二）主要会计政策与核算办法

1. 核算级次

金莱瑞食品公司根据业务情况，实行一级核算制，采用记账凭证核算程序。成本组主要负责成本核算、成本分析等方面的工作。会计主管王浩，出纳赵勇，会计卢平，制单周敏，记账员张丹，成本核算员李华，原料仓库保管员夏天，周转材料库保管员凌晨，成品库保管员丁一凡。

2. 业务核算政策与核算办法

（1）存货

原材料、包装物、低值易耗品收发采用实际成本计价，其中：材料发出单价采用全月一次加权平均法计算，包装物和低值易耗品发出采用一次摊销法结转当月成本，产品成本采用实际成本计价。

（2）固定资产折旧

固定资产折旧方法采用平均年限法，并采用分类折旧的办法按月计提，其中：房屋建筑物年折旧率为4%，车间设备年折旧率为6%。

（3）工资制度

非生产部门人员：月薪制，日工资按30天计算。

车间管理人员：月薪制，日工资按30天计算。

车间生产工人：计件工资制。

（4）间接费用的分配方法

基本生产车间发生的各种间接计入费用，均按产品直接计入材料费用（或直接计入材料数量）之和比例在各产品之间进行分配，各基本生产车间发生的制造费用，按各基本生产车间生产产品产量比例分配。

（5）辅助生产费用核算

该公司辅助生产车间发生的费用在“辅助生产成本”账户中集中核算，不单独核算制造费用，月末采用直接分配法进行分配。

（三）该公司部分总账账户和明细账户2013年8月份期初余额

1. 部分账户8月初余额（表2-1）

表2-1　　部分账户8月初余额表　　单位：元

总账科目	明细科目	借方金额	贷方金额
库存现金		5 000	
银行存款		2 000 000	
在途物资		1 900 000	
	原料及主要材料	1 898 000	
	辅助材料	2 000	

表2-1（续）

总账科目	明细科目	借方金额	贷方金额
原材料		54 550. 64	
	原料及主要材料	51 850. 64	
	辅助材料	100	
	燃料	2 600	
周转材料——包装物		43 000	
	包装袋	43 000	
周转材料——低值易耗品		22 000	
	劳保用品	18 000	
	托盘	2 000	
	盆	2 000	
库存商品		1 500	
	腊肉青椒粽子	800	
	红枣花生粽子	200	
	果味月饼	300	
	豆沙月饼	200	
累计折旧			1 200 000
合　　计		4 026 050. 64	1 200 000

2. 8月初包装物、低值易耗品结存表（表2-2）

表 2-2　　**包装物、低值易耗品结存表**　　单位：元

名　　称	单　位	数　量	单　价	金　额
包装袋	包	4 300	10	43 000
低值易耗品——劳保用品	套	1 000	18	18 000
——托盘	个	200	10	2 000
——盆	个	100	20	2 000
合　　计				65 000

3. 8月初库存材料结存表（表2-3）

表2-3　　库存材料结存表　　单位：元

材料名称	计量单位	数　量	单　价	金　额
糯米	千克	10 000	7	70 000
腊肉	千克	500	42	21 000
花生仁	千克	200	8	1 600
鸡蛋	千克	10	6	60
调和油	千克	100	15	1 500
红糖	千克	100	6	600
芸豆	千克	50	9. 6	480
青椒	千克	100	3. 6	360
红枣	千克	80	19. 3	1 544
芝麻	千克	10	17. 8	178
味精	千克	10	4. 5	45
香精	千克	15	1. 5	22. 5
黄油	千克	30	10	300
高筋面粉	千克	500	3	1 500
冬瓜	千克	140	1. 8	252
红豆	千克	100	11. 6	1 160
添加剂	升	10	10	100
机油	升	50	6	300
汽油	升	500	4. 6	2 300
合　计				

（四）8 月初库存商品结存表（金额保留整数，见表 2-4）

表 2-4　　库存商品结存表　　单位：元

产品名称	计量单位	数　量	单位成本	金　额
粽子				
——腊肉青椒馅	千克	70	9.72	666.4
——红枣花生馅	千克	30	8.51	255.3
月饼				
——果味馅	千克	24	7.36	176.64
——豆沙馅	千克	33	8.12	267.96
合 计				1 366.3

（五）业务流程指引

1. 材料采购

需采购添加剂。

2. 材料入库

原料及主要材料——糯米、高筋面粉、腊肉、花生仁、芸豆、青椒、红枣、芝麻、味精、香精、黄油、冬瓜、红糖、鸡蛋、调和油、红豆；辅助材料——添加剂。

3. 材料费用归集（材料领用部门：三个基本生产车间、两个辅助生产车间、厂部）

（1）馅料车间领用：

①原料及主要材料（生产用）：腊肉、花生仁、芸豆、青椒、红枣、芝麻、味精、香精、黄油、冬瓜、红糖、鸡蛋、调和油、红豆。

②辅助材料（生产用）：添加剂。

③低值易耗品（车间消耗）：劳保用品、盆。

④包装物（车间消耗）：包装袋。

（2）粽子车间领用：

①原料（生产用）：糯米。

②低值易耗品（车间消耗）：劳保用品、托盘、盆。

③包装物（车间消耗）：包装袋。

（3）月饼车间领用：

①原料（生产用）：高筋面粉。

②低值易耗品（车间消耗）：劳保用品、托盘。

③包装物（车间消耗）：包装袋。

（4）机修车间：

①低值易耗品（车间消耗）：劳保用品。

②燃料（车间消耗）：机油、汽油。

（5）运输车间：

①低值易耗品（车间消耗）：劳保用品。

②燃料（车间消耗）：机油、汽油。

（6）厂部：

燃料（车间消耗）：汽油。

4. 馅料车间材料费用分配

馅料成本=专用材料成本+公用材料成本(按各种馅料专用材料领用数量比例分配)

腊肉青椒馅：专用材料——腊肉、青椒。

红枣花生馅：专用材料——花生仁、红枣。

粽子馅共用材料：鸡蛋、调和油、红糖、芸豆、芝麻、味精、香精、黄油。

果味馅：专用材料——冬瓜。

豆沙馅：专用材料——红豆。

月饼馅共用材料：红糖、添加剂。

5. 动力费用的归集与分配

水电费耗用部门：三个基本生产车间、两个辅助生产车间、厂部。

其中：馅料车间生产耗用的动力费用按各种馅料专用材料领用数量比例分配。

6. 职工薪酬费用的归集与分配

薪酬归集部门：三个基本生产车间、两个辅助生产车间、厂部、销售部门。

其中：馅料车间生产耗用的职工薪酬费用按各种馅料专用材料领用数量比例分配。

7. 固定资产折旧费用的归集与分配

固定资产折旧费用归集部门：三个基本生产车间、两个辅助生产车间、厂部。

8. 其他费用的归集与分配

其他费用（办公费、差旅费、其他）归集部门：三个基本生产车间、两个辅助生产车间、厂部、销售部门。

9. 辅助生产费用的分配

直接分配法：费用分配率=待分配辅助生产费用÷（辅助生产劳务总量 – 其他辅助生产劳务耗用量）。

10. 馅料车间制造费用分配

分配标准：按产品（四种馅料）产量比例分配。

11. 馅料车间产品成本计算

馅料车间完工产品：腊肉青椒馅、红枣花生馅、冬瓜馅、豆沙馅。

每种馅料完工产品成本=直接材料+直接动力+直接人工+制造费用（全部完工，无在产品）

12. 两个基本生产车间直接费用分配

（1）粽子车间：

①原材料（糯米）：按腊肉青椒馅、红枣花生馅领用数量比例分配。

②动力费用（水电费）：按腊肉青椒馅、红枣花生馅领用数量比例分配。

③薪酬费用：按腊肉青椒馅、红枣花生馅领用数量比例分配。

（2）月饼车间：

①原材料（高筋粉）：按冬瓜馅、豆沙馅领用数量比例分配。

②动力费用（水电费）：按冬瓜馅、豆沙馅领用数量比例分配。

③薪酬费用：按冬瓜馅、豆沙馅领用数量比例分配。

13. 两个基本生产车间制造费用分配

分配标准：按四种产品（腊肉青椒馅粽子、红枣花生馅粽子、果味馅月饼、豆沙馅月饼）产量比例分配。

14. 粽子车间、月饼车间产品成本计算

粽子车间完工产品：腊肉青椒馅粽子、红枣花生馅粽子。

月饼车间完工产品：果味馅月饼、豆沙馅月饼。

每种完工产品成本=直接材料+直接动力+直接人工+制造费用（全部完工，无在产品）

15. 编制成本报表和费用报表（略）

（六）金莱瑞食品有限公司 2013 年 8 月份产品生产经济业务

（1）购买添加剂，金额 1 000 元，增值税 170 元，款项已付。

（2）收料凭证汇总。

（3）发料凭证汇总。

(4) 各车间材料费用汇总。

(5) 分配馅料车间材料费用。

(6) 以银行存款 93 132 元支付本月电费。

(7) 分配电费。

(8) 以银行存款 1 020 元支付本月税费。

(9) 分配税费。

(10) 分配馅料车间动力费用。

(11) 计提本月工资。

(12) 计提本月福利费。

(13) 薪酬费用分配。

(14) 计提本月固定资产折旧。、

(15) 以现金 197 580 元支付各类期间费用。

(16) 分配辅助生产费用。

(17) 结转本月馅料车间制造费用。

(18) 结转馅料车间本月各类完工产品和在产品成本。

(19) 结转馅料车间本月完工产品并验收入库。

(20) 分配粽子车间材料费用。

(21) 分配粽子车间动力费用。

(22) 分配粽子车间薪酬费用。

(23) 分配月饼车间材料费用。

(24) 分配月饼车间动力费用。

(25) 分配月饼车间薪酬费用。

(26) 结转本月粽子车间制造费用。

(27) 结转本月月饼车间制造费用。

(28) 结转本月粽子车间各类完工产品和在产品成本。

(29) 结转本月月饼车间各类完工产品和在产品成本。

(30) 结转本月完工产品并验收入库。

（七）金莱瑞食品公司 2013 年 8 月份发生的部分业务及原始单据

1. 购料业务（表 2-5~表 2-6）

表 2-5

42000205728　　四川增值税专用发票　　№134016174

开票日期：2013 年 08 月 1 日

购货单位	名　　称：绵阳金莱瑞公司 纳税人识别号：510612117335866 地 址 、电 话：绵阳市高新区双碑中段 0816-2354112 开户行及账号：工行涪城支行 540611924342				密码区	2489-1<9-7-61596284 8<032/52>9/29533-4974 1626<8-3024>82906-2 -47-6<7>2＊-/>＊>6/	加密版本：01 42000205728 00016174
货物或应税劳务名称	规格型号	单位	数量	单价	金　额	税率	税　额
添加剂		升	100	10	1 000	17%	170
合　计							
价税合计（大写）	壹仟壹佰柒拾圆整				（小写）￥1 170.00		
销货单位	名　　称：四川景天公司 纳税人识别号：370101021318405 地 址 、电 话：绵阳警钟街 23 号 0816-2325182 开户行及账号：工行长江路支行 902672314535112				备注		

第二联：发票联　购货方记账凭证

国税函［2013］559 号　四川华森实业公司　印制

收款人：　　复核：　　开票人：李芳　　销货单位：（章）

（印章：四川省景天公司 430104 010182582 发票专用章）

表 2-6

中国工商银行

转账支票存根

支票号码　3527230

科　　目＿＿＿＿＿＿

对方科目＿＿＿＿＿＿

出票日期 2013 年 08 月 1 日

收款人：	四川景天公司
金　额：	￥1 170.00
用　途：	货款

单位主管 王浩　会计　卢平

2. 收料业务（表 2-7~表 2-17）

表 2-7

金莱瑞食品公司材料入库单

材料科目：原材料　　　　　　　　　　编号：001

材料类别：辅助材料　　　　　　　　　收料仓库：01

供应单位：四川景天公司　　2013 年 08 月 01 日　　发票号码：134016174

规格	材料名称	计量单位	数量		实际价格（元）														
			应收	实收	单位	单价	发票金额	运杂费	合计										
									千	百	十	万	千	百	十	元	角	分	
	添加剂	升	100	100		10	1 000.00						1	0	0	0	0	0	
备注								合计 ¥ 1 000.00											

第二联：会计部门

采购人：方力　　检验员：唐丽　　部门主管：许莉　　保管员：夏天

表 2-8

金莱瑞食品公司材料入库单

材料科目：原材料　　　　　　　　　　编号：002

材料类别：原料及主要材料　　　　　　收料仓库：01

供应单位：鑫鑫粮食加工厂　　2013 年 08 月 01 日　　发票号码：135015128

规格	材料名称	计量单位	数量		实际价格（元）													
			应收	实收	单位	单价	发票金额	运杂费	合计									
									千	百	十	万	千	百	十	元	角	分
	糯米	千克	30 000	30 000		7	210 000				2	1	0	0	0	0	0	0
	高筋面粉	千克	15 000	15 000		3	45 000					4	5	0	0	0	0	0
备注								合计 ¥ 255 000.00										

第二联：会计部门

采购人：方力　　检验员：唐丽　　部门主管：许莉　　保管员：夏天

表 2-9

金莱瑞食品公司材料入库单

材料科目：原材料　　　　编号：003

材料类别：原料及主要材料　　　　收料仓库：02

供应单位：三联肉联厂　　　　2013 年 08 月 01 日　　　　发票号码：134016309

规格	材料名称	计量单位	数量		实际价格（元）													
			应收	实收	单位	单价	发票金额	运杂费	合计									
									千	百	十	万	千	百	十	元	角	分
	腊肉	千克	100	100		42	4 200						4	2	0	0	0	0
备注								合计 ¥4 200.00										

第二联：会计部门

采购人：方力　　　　检验员：唐丽　　　　部门主管：许莉　　　　保管员：夏天

表 2-10

金莱瑞食品公司材料入库单

材料科目：原材料　　　　编号：004

材料类别：原料及主要材料　　　　收料仓库：02

供应单位：丹丹调味品厂　　　　2013 年 08 月 02 日　　　　发票号码：134013217

规格	材料名称	计量单位	数量		实际价格（元）													
			应收	实收	单位	单价	发票金额	运杂费	合计									
									千	百	十	万	千	百	十	元	角	分
	花生仁	千克	1 000	1 000		8	8 000						8	0	0	0	0	0
备注								合计 ¥8 000.00										

第二联：会计部门

采购人：方力　　　　检验员：唐丽　　　　部门主管：许莉　　　　保管员：夏天

表 2-11

金莱瑞食品公司材料入库单

材料科目：原材料　　　　编号：005

材料类别：原料及主要材料　　　　收料仓库：03

供应单位：欣欣公司　　　　2013 年 08 月 02 日　　　　发票号码：135017036

规格	材料名称	计量单位	数量		实际价格（元）													
			应收	实收	单位	单价	发票金额	运杂费	合计									
									千	百	十	万	千	百	十	元	角	分
	芸豆	千克	200	200		8.8	1 760						1	7	6	0	0	0
	青椒	千克	12 000	12 000		4	48 000					4	8	0	0	0	0	0
	红枣	千克	200	200		18	3 600						3	6	0	0	0	0
	芝麻	千克	50	50		19	950							9	5	0	0	0
备注								合计 ¥ 54 310.00										

第二联：会计部门

采购人：方力　　　　检验员：唐丽　　　　部门主管：许莉　　　　保管员：夏天

表 2-12

金莱瑞食品公司材料入库单

材料科目：原材料　　　　编号：006

材料类别：原料及主要材料　　　　收料仓库：01

供应单位：太太乐调味品厂　　　　2013 年 08 月 02 日　　　　发票号码：135153069

规格	材料名称	计量单位	数量		实际价格（元）													
			应收	实收	单位	单价	发票金额	运杂费	合计									
									千	百	十	万	千	百	十	元	角	分
	味精	千克	60	60		4.2	252							2	5	2	0	0
备注								合计 ¥ 252.00										

第二联：会计部门

采购人：方力　　　　检验员：唐丽　　　　部门主管：许莉　　　　保管员：夏天

表 2-13

金莱瑞食品公司材料入库单

材料科目：原材料　　编号：007

材料类别：原料及主要材料　　收料仓库：01

供应单位：莲花调味品厂　　2013 年 08 月 02 日　　发票号码：1302358158

规格	材料名称	计量单位	数量		实际价格（元）													
			应收	实收	单位	单价	发票金额	运杂费	合计									
									千	百	十	万	千	百	十	元	角	分
	香精	千克	1 000	1 000		1.6	1 600						1	6	0	0	0	0
	黄油	千克	200	200		11	2 200						2	2	0	0	0	0
备注								合计 ¥ 3 800.00										

第二联：会计部门

采购人：方力　　检验员：唐丽　　部门主管：许莉　　保管员：夏天

表 2-14

金莱瑞食品公司材料入库单

材料科目：原材料　　编号：008

材料类别：原料及主要材料　　收料仓库：01

供应单位：天天食品公司　　2013 年 08 月 02 日　　发票号码：1313557213

规格	材料名称	计量单位	数量		实际价格（元）													
			应收	实收	单位	单价	发票金额	运杂费	合计									
									千	百	十	万	千	百	十	元	角	分
	冬瓜	千克	8 000	8 000		1.6	12 800					1	2	8	0	0	0	0
	红豆	千克	900	900		9	8 100						8	1	0	0	0	0
	红糖	千克	400	400		5.8	2 320						2	3	2	0	0	0
备注								合计 ¥ 23 220.00										

第二联：会计部门

采购人：方力　　检验员：唐丽　　部门主管：许莉　　保管员：夏天

表 2-15

金莱瑞食品公司材料入库单

材料科目：原材料　　　　　　　　　　　　　　　　编号：009

材料类别：原料及主要材料　　　　　　　　　　　　收料仓库：01

供应单位：大凉山禽蛋公司　　　2013 年 08 月 02 日　　　发票号码：1313557213

规格	材料名称	计量单位	数量		实际价格（元）														
			应收	实收	单位	单价	发票金额	运杂费	合计									
									千	百	十	万	千	百	十	元	角	分
	鸡蛋	千克	100	100		6.2	620							6	2	0	0	0
备注								合计￥620.00										

第二联：会计部门

采购人：方力　　　检验员：唐丽　　　部门主管：许莉　　　保管员：夏天

表 2-16

金莱瑞食品公司材料入库单

材料科目：原材料　　　　　　　　　　　　　　　　编号：010

材料类别：原料及主要材料　　　　　　　　　　　　收料仓库：01

供应单位：金龙鱼股份公司　　　2013 年 08 月 02 日　　　发票号码：1308217853

规格	材料名称	计量单位	数量		实际价格（元）														
			应收	实收	单位	单价	发票金额	运杂费	合计									
									千	百	十	万	千	百	十	元	角	分
	调和油	千克	1 500	1 500		20	30 000					3	0	0	0	0	0	0
备注								合计￥30 000.00										

第二联：会计部门

采购人：方力　　　检验员：唐丽　　　部门主管：许莉　　　保管员：夏天

表 2-17

收料凭证汇总表

2013 年 8 月

单位：元

材料类别	材料名称	计量单位	单价（元/千克）	实收数量	实际成本
原料及主要材料					
辅助材料					
合　计					

3. 发料业务（表 2-18～表 2-25）

表 2-18

领料登记簿汇总表

领料单位：馅料车间　　　　2013 年 8 月　　　　金额单位：元

材料名称及规格	计量单位	数量		单价	金额	用　　途
		请领	实发			
腊肉	千克	600	600			生产腊肉青椒粽子馅专用
花生仁	千克	650（680）①	650（680）			生产红枣花生粽子馅专用
鸡蛋	千克	60	60			生产粽子共用
调和油	千克	300	300			生产粽子共用
红糖	千克	180（200）	180（200）			生产月饼共用
红糖	千克	20	20			生产粽子共用
芸豆	千克	200	200			生产粽子共用
青椒	千克	1 800(1 900)	1 800(1 900)			生产腊肉青椒粽子馅专用
红枣	千克	280（270）	280（270）			生产红枣花生粽子馅专用
芝麻	千克	60	60			生产粽子共用
味精	千克	50	50			生产粽子共用
香精	千克	130	130			生产粽子共用
黄油	千克	220（200）	220（200）			生产粽子共用
冬瓜	千克	2 000	2 000			生产果味月饼馅专用
红豆	千克	950（900）	950（900）			生产豆沙月饼馅专用
添加剂	升	80	80			生产月饼共用
合　计						

领料人：周敏　　　　发料人：夏天　　　　记账：张丹

① 括号中的数据为第二套数据，教师可根据需要自行组合生成多套数据。

表 2-19

领料登记簿

领料单位：粽子车间　　　　2013 年 8 月　　　　金额单位：元

领料日期	材料名称及规格	计量单位	数量		单价	金额	用　途
			请领	实发			
1-10 日	糯米	千克	5 500 (5 000)	5 500 (5 000)			生产用
11-20 日	糯米	千克	5 000 (6 000)	5 000 (6 000)			生产用
21-30 日	糯米	千克	5 000 (4 500)	5 000 (4 500)			生产用
合　计		千克	15 500 (15 500)	15 500 (15 500)			

领料人：周敏　　　　发料人：夏天　　　　记账：张丹

表 2-20

领料登记簿

领料单位：月饼车间　　　　2013 年 8 月　　　　金额单位：元

领料日期	材料名称及规格	计量单位	数量		单价	金额	用　途
			请领	实发			
1-10 日	高筋面粉	千克	3 500 (4 000)	3 500 (4 000)			生产用
11-20 日	高筋面粉	千克	3 500 (4 000)	3 500 (4 000)			生产用
21-30 日	高筋面粉	千克	3 500 (4 000)	3 500 (4 000)			生产用
合　计		千克	10 500 (12 000)	10 500 (12 000)			

领料人：周敏　　　　发料人：夏天　　　　记账：张丹

表 2-21

领料登记簿

2013 年 8 月　　　　金额单位：元

领料日期	品名规格	领用部门	计量单位	数量		单价	金额	用　途
				请领	实发			
1 日	劳保用品	粽子车间	套	50	50			车间耗用
	托盘	粽子车间	个	50	50			车间耗用
	盆	粽子车间	个	50	50			车间耗用
1 日	劳保用品	月饼车间	套	30	30			车间耗用
	托盘	月饼车间	个	50 （40）	50 （40）			车间耗用
1 日	劳保用品	馅料车间	套	50	50			车间耗用
	盆	馅料车间	个	10	10			车间耗用
1 日	劳保用品	机修车间	套	10	10			车间耗用
1 日	劳保用品	运输车间	套	10	10			车间耗用
合　计								

领料人：周敏　　　　发料人：凌晨　　　　记账：张丹

表 2-22

包装物领用单

2013 年 8 月　　　　金额单位：元

领料日期	品名规格	领用部门	计量单位	数量		单价	金额	用　途
				请领	实发			
1 日	包装袋	粽子车间	包	200	200			车间耗用
1 日	包装袋	月饼车间	包	200	200			车间耗用
1 日	包装袋	馅料车间	包	20	20			车间耗用
合　计								

领料人：周敏　　　　发料人：凌晨　　　　记账：张丹

表 2-23

其他材料领用汇总表

2013 年 8 月　　　　金额单位：元

领料日期	品名规格	领用部门	计量单位	数量		单价	金额	用　　途
				请领	实发			
1-30 日	机油	机修车间	升	10 (15)	10 (15)			车间耗用
	汽油	机修车间	升	120 (100)	120 (100)			车间耗用
1-30 日	机油	运输车间	升	20 (30)	20 (30)			车间耗用
	汽油	运输车间	升	280 (300)	280 (300)			车间耗用
1-30 日	汽油	厂　部	升	50	50			车间耗用
合　　计								

领料人：周敏　　　　发料人：凌晨　　　　记账：张丹

表 2-24

材料费用汇总分配表

2013 年 8 月　　　　　　　　　　　　金额单位：元

<table>
<tr><td colspan="3" rowspan="2">应贷科目
应借科目</td><td colspan="3">材 料 类 别</td><td rowspan="2">低值易耗品</td><td rowspan="2">包装物</td><td rowspan="2">合计</td></tr>
<tr><td>原料及主要材料</td><td>辅助材料</td><td>燃料</td></tr>
<tr><td rowspan="10">基本生产车间</td><td rowspan="3">粽子车间</td><td>生产耗用</td><td></td><td></td><td></td><td></td><td></td><td></td></tr>
<tr><td>车间一般</td><td></td><td></td><td></td><td></td><td></td><td></td></tr>
<tr><td>小　计</td><td></td><td></td><td></td><td></td><td></td><td></td></tr>
<tr><td rowspan="3">月饼车间</td><td>生产耗用</td><td></td><td></td><td></td><td></td><td></td><td></td></tr>
<tr><td>车间一般</td><td></td><td></td><td></td><td></td><td></td><td></td></tr>
<tr><td>小　计</td><td></td><td></td><td></td><td></td><td></td><td></td></tr>
<tr><td rowspan="3">馅料车间</td><td>生产耗用</td><td></td><td></td><td></td><td></td><td></td><td></td></tr>
<tr><td>车间一般</td><td></td><td></td><td></td><td></td><td></td><td></td></tr>
<tr><td>小　计</td><td></td><td></td><td></td><td></td><td></td><td></td></tr>
<tr><td colspan="2">合　计</td><td></td><td></td><td></td><td></td><td></td><td></td></tr>
<tr><td colspan="2" rowspan="2">辅助生产车间</td><td>机修车间</td><td></td><td></td><td></td><td></td><td></td><td></td></tr>
<tr><td>运输车间</td><td></td><td></td><td></td><td></td><td></td><td></td></tr>
<tr><td colspan="3">管理部门</td><td></td><td></td><td></td><td></td><td></td><td></td></tr>
<tr><td colspan="3">合计</td><td></td><td></td><td></td><td></td><td></td><td></td></tr>
</table>

金莱瑞食品公司 财务专用章

表 2-25

馅料车间材料费用分配表

2013 年 8 月　　　　　　　　　　　　　　　　金额单位：元

材料费用及其用途		原材料				合计
		直接计入费用	间接计入费用（按直接计入材料数量比例分配）			
			分配标准	分配率	分配金额	
馅料车间生产耗用	腊肉青椒馅					
	红枣花生馅					
	小计					
	果味馅					
	豆沙馅					
	小计					
合计						

4. 以银行存款支付本月水电费（表 2-26~表 2-32）

表 2-26

42000205728 **四川增值税专用发票** №00016174

开票日期：2013 年 8 月 31 日

国税函［2013］559 号 四川华森实业公司印制

购货单位	名　　称：金莱瑞食品有限公司 纳税人识别号：510612117335866 地 址 、电 话：绵阳市高新区双碑中段 0816-2354112 开户行及账号：工行涪城支行 540611924342	密码区	2489-1<9-7-61596284 8<032/52>9/29533-4974 1626<8-3024>82906-2 -47-6<7>2＊-/>＊>6/	加密版本:01 42000205728 00016174

货物或应税劳务名称	规格型号	单位	数量	单价	金额	税率	税额
电费		度	99 500	0.8	79 600.00	17%	13 532.00
合　计					¥79 600.00		¥13 532.00
价税合计（大写）	⊗ 玖万叁仟壹佰叁拾贰元整				（小写）¥93 132.00		

销货单位	名　　称：新东方电力有限责任公司 纳税人识别号：420101021318405 地 址 、电 话：绵阳富乐路 110 号 0816-2357666 开户行及账号：工行富乐路支行 902672314535112	备注	

收款人：　　复核：　　开票人：李霞　　销货单位：（章）

第一联：抵扣联 购货方抵扣凭证

表 2-27

中国工商银行

转账支票存根

支票号码 Ⅵ Ⅱ 02971737

科　　目________

对方科目________

出票日期 2013 年 08 月 31 日

收款人：新东方电力公司
金　额：¥93 132.00
用　途：支付电费

单位主管 王浩　会计 卢平

复核　　记账 张丹

表 2-28

金莱瑞食品有限公司用电明细表

2013 年 8 月 31 日

<table>
<tr><td colspan="3">用电数量及分配费用
使用单位</td><td>用电量（度）</td><td>电费（0.8 元/度）</td></tr>
<tr><td rowspan="9">基本生产车间</td><td rowspan="3">粽子车间</td><td>生产耗用</td><td>40 000</td><td>32 000</td></tr>
<tr><td>车间一般</td><td>500</td><td>400</td></tr>
<tr><td>合　计</td><td>40 500</td><td>32 400</td></tr>
<tr><td rowspan="3">月饼车间</td><td>生产耗用</td><td>35 500</td><td>28 400</td></tr>
<tr><td>车间一般</td><td>500</td><td>400</td></tr>
<tr><td>合　计</td><td>36 000</td><td>28 800</td></tr>
<tr><td rowspan="3">馅料车间</td><td>生产耗用</td><td>20 000</td><td>16 000</td></tr>
<tr><td>车间一般</td><td>400</td><td>320</td></tr>
<tr><td>合　计</td><td>20 400</td><td>16 320</td></tr>
<tr><td colspan="2" rowspan="2">辅助生产车间</td><td>运输车间</td><td>200</td><td>160</td></tr>
<tr><td>机修车间</td><td>600</td><td>480</td></tr>
<tr><td colspan="3">管理部门</td><td>1 800</td><td>1 440</td></tr>
<tr><td colspan="3">合　计</td><td>99 500</td><td>79 600</td></tr>
</table>

制表：李华

表 2-29

42000205728 **四川增值税专用发票** №00016174

抵扣联

开票日期：2013 年 8 月 31 日

购货单位	名　　称：金莱瑞食品有限公司 纳税人识别号：510612117335866 地 址 、电 话：绵阳市高新区双碑中段 0816-2354112 开户行及账号：工行涪城支行 540611924342				密码区	2489-1<9-7-61596284 8<032/52>9/29533-4974 1626<8-3024>82906-2 -47-6<7>2＊-/>＊>6/	加密版本:01 42000205728 00016174	
货物或应税劳务名称	规格型号	单位	数量	单价	金　额	税率	税　额	
水费		度	1 000	6.00	6 000.00	17%	1 020.00	
合　计					¥6 000.00		¥1 020.00	
价税合计（大写）	⊗ 柒仟零佰贰拾元整				（小写）¥7 020.00			
销货单位	名　　称：富乐山水业有限责任公司 纳税人识别号：410999021318405 地 址 、电 话：绵阳芙蓉路 25 号 0816-2357888 开户行及账号：工行芙蓉路支行 835402314535112				备注	富乐山水业公司 430104 010182582 发票专用章		

收款人：　　复核：　　开票人：张珊　　销货单位：（章）

第一联：抵扣联　购货方抵扣凭证

国税函［2013］559 号 四川华森实业公司 印制

表 2-30

中国工商银行

转账支票存根

支票号码　ⅥⅡ03251737

科　　目＿＿＿＿＿＿

对方科目＿＿＿＿＿＿

出票日期 2013 年 08 月 31 日

收款人：富乐山水业公司
金　额：¥7 020.00
用　途：支付水费

单位主管 王浩　会计 卢平

复核　　　　记账 张丹

表 2-31

金莱瑞食品有限公司水费明细表

2013 年 8 月 31 日

<table>
<tr><th colspan="3">用水数量及分配费用
使用单位</th><th>用水量（吨）</th><th>水费（6 元/吨）</th></tr>
<tr><td rowspan="9">基本生产车间</td><td rowspan="3">粽子车间</td><td>生产耗用</td><td>250</td><td>1 500</td></tr>
<tr><td>车间一般</td><td>20</td><td>120</td></tr>
<tr><td>合　计</td><td>270</td><td>1 620</td></tr>
<tr><td rowspan="3">月饼车间</td><td>生产耗用</td><td>220</td><td>1 320</td></tr>
<tr><td>车间一般</td><td>20</td><td>120</td></tr>
<tr><td>合　计</td><td>240</td><td>1 440</td></tr>
<tr><td rowspan="3">馅料车间</td><td>生产耗用</td><td>300</td><td>1 800</td></tr>
<tr><td>车间一般</td><td>30</td><td>180</td></tr>
<tr><td>合　计</td><td>330</td><td>1 980</td></tr>
<tr><td colspan="2" rowspan="2">辅助生产车间</td><td>运输车间</td><td>20</td><td>120</td></tr>
<tr><td>机修车间</td><td>20</td><td>120</td></tr>
<tr><td colspan="3">管理部门</td><td>120</td><td>720</td></tr>
<tr><td colspan="3">合　计</td><td>1 000</td><td>6 000</td></tr>
</table>

制表：李华

表 2-32

馅料车间动力费用分配表

2013 年 8 月 31 日　　　　金额单位：元

馅料车间动力费用及其用途		动力费用（按直接计入材料数量比例分配）				
		分配标准	分配率	分配金额		
				电费	水费	合计
馅料车间生产耗用	腊肉青椒馅					
	红枣花生馅					
	果味馅					
	豆沙馅					
合　计						

制表：李华

5. 分配本月职工薪酬费用（本月按工资薪酬的 14%计提福利费，见表 2-33~表 2-35）

表 2-33

职工薪酬汇总表

2013 年 8 月 31 日　　　　金额单位：元

人员类别			职工薪酬总额
基本生产车间	粽子车间	生产工人	80 000
		管理人员	10 000
	月饼车间	生产工人	50 000
		管理人员	8 000
	馅料车间	生产工人	60 000
		管理人员	5 000
	小计		213 000
辅助生产车间		运输车间	12 000
		机修车间	4 000
公司管理人员			60 000
专设销售机构人员工资			50 000
合计			339 000

表 2-34

金莱瑞食品公司职工薪酬费用分配表

2013 年 8 月 31 日

薪酬类别 / 部门			工资	福利费		薪酬合计
				计提比例	计提金额	
基本生产车间	粽子车间	生产耗用				
		管理人员				
		合计				
	月饼车间	生产耗用				
		管理人员				
		合计				
	馅料车间	生产耗用				
		管理人员				
		合计				
辅助生产车间		运输车间				
		机修车间				
管理部门						
专设销售机构人员工资						
合计						

金莱瑞食品公司 财务专用章

制表：李华

表 2-35

馅料车间薪酬费用分配表

2013 年 8 月 31 日　　　　金额单位：元

馅料车间薪酬费用及其用途		薪酬间接计入费用（按直接计入材料数量比例分配）		
		分配标准	分配率	分配金额
馅料车间生产耗用	腊肉青椒馅			
	红枣花生馅			
	果味馅			
	豆沙馅			
合　计				

制表：李华

6. 本月计提固定资产折旧（表 2-36）

表 2-36

固定资产折旧计算表

2013 年 8 月 31 日　　　　单位：元

使用部门		上月计提折旧额	上月增加的固定资产应计提的折旧额	上月减少的固定资产应计提的折旧额	本月应计提折旧额
基本生产车间	粽子车间	7 200	1 800	1 000	8 000
	月饼车间	6 000			6 000
	馅料车间	4 000			4 000
	小　计	17 200			18 000
辅助生产车间	运输车间	2 322.5			2 322.5
	机修车间	1 000			1 000
	小　计	3 322.5			3 322.5
公司管理部门		6 000			6 000
合　计		26 522.5	1 800	1 000	27 322.5

金莱瑞食品公司 财务专用章

制表：李华　　　　复核：卢平

7. 以现金支付的其他费用汇总表（表 2-37）

表 2-37

其他费用汇总表

2013 年 8 月 31 日　　　　　　　　单位：元

使用部门		办公费	差旅费	其他	合　计
基本生产车间	粽子车间	2 800	1 600	200	4 600
	月饼车间	2 600	1 500	200	4 300
	馅料车间	2 500	3 000	200	5 700
	小　　计	7 900	6 100	600	14 600
辅助生产车间	运输车间	380			380
	机修车间	400		200	600
公司管理部门		20 000	60 000	32 000	112 000
专设销售机构		5 000	50 000	15 000	70 000
合　　计		33 680	116 100	47 800	197 580

制表：李华

8. 分配辅助生产费用（表 2-38~表 2-39）

表 2-38

辅助生产车间服务对象及提供的服务量情况表

供应对象		机修（工时）	运输（千米）
基本生产车间	粽子车间	100	22 000
	月饼车间	80	20 000
	馅料车间	60	
辅助生产车间	机　　修		
	运　　输	40	
公司管理部门		20	5 600
专设销售机构		10	1 900
合　　计		310	49 500

表 2-39

辅助生产费用分配表

（直接分配法）

辅助生产车间			机修车间	运输车间	合计
待分配辅助生产费用（元）					
供应辅助生产以外的劳务数量			270	49 500	
费用分配率（单位成本）					
基本生产车间	粽子车间	耗用数量	100	22 000	
		分配金额			
	月饼车间	耗用数量	80	20 000	
		分配金额			
	馅料车间	耗用数量	60		
		分配金额			
	小计				
公司管理部门		耗用数量	20	5 600	
		分配金额			
专设销售机构		耗用数量	10	1 900	
		分配金额			
合计					

金莱瑞食品公司 财务专用章

制表：李华

注：上述表中的有关数字按下列公式计算：

费用分配率（单位成本）= 待分配辅助生产费用÷〔辅助生产劳务（产品）总量-其他辅助生产劳务（产品）耗用量〕

机修车间费用分配率=机修车间费用÷（310-40）=（元/工时）

运输车间费用分配率=运输车间费用÷（49 500）=（元/千米）

9. 编制馅料车间制造费用分配表（表2-40）

表2-40

馅料车间制造费用分配表

2013年8月31日 金额单位：元

项目 分配对象	分配标准(按产品产量比例分配)	分配率	分配金额
基本生产成本——腊肉青椒馅			
基本生产成本——红枣花生馅			
基本生产成本——果味馅			
基本生产成本——豆沙馅			
合　计			

10. 编制馅料车间产品成本计算单（表2-41~表2-44）

表2-41

馅料生产车间产品成本计算单

产品名称：腊肉青椒馅　　完工产成品：2 200千克　　在产品：800千克，完工进度60%

金额单位：元

成本项目	直接材料	直接动力	直接人工	制造费用	合　计
月初在产品成本					
本月发生生产费用					
生产费用合计					
约当总产量					
完工产品数量					
完工产品单位成本					
完工产品总成本					
月末在产品成本					

制表：李华

表 2-42

馅料生产车间产品成本计算单

产品名称：红枣花生馅　　完工产成品：1 250 千克　　在产品：600 千克，完工进度 50%

金额单位：元

成本项目	直接材料	直接动力	直接人工	制造费用	合　计
月初在产品成本					
本月发生生产费用					
生产费用合计					
约当总产量					
完工产品数量					
完工产品单位成本					
完工产品总成本					
月末在产品成本					

制表：李华

表 2-43

馅料生产车间产品成本计算单

产品名称：果味馅　　完工产成品：1 400 千克　　在产品：900 千克，完工进度 80%

金额单位：元

成本项目	直接材料	直接动力	直接人工	制造费用	合　计
月初在产品成本					
本月发生生产费用					
生产费用合计					
约当总产量					
完工产品数量					
完工产品单位成本					
完工产品总成本					
月末在产品成本					

制表：李华

表 2-44

馅料生产车间产品成本计算单

产品名称：豆沙馅　　完工产成品：1 320 千克　　在产品：400 千克，完工进度 70%

金额单位：元

成本项目	直接材料	直接动力	直接人工	制造费用	合　计
月初在产品成本					
本月发生生产费用					
生产费用合计					
约当总产量					
完工产品数量					
完工产品单位成本					
完工产品总成本					
月末在产品成本					

制表：李华

11. 馅料车间产品产品交付使用汇总表（馅料车间产品成本采用综合结转方式转入其他基本生产成本明细账，见表 2-45）

表 2-45

馅料车间产品交付使用汇总表

交付单位：馅料车间　　2013 年 8 月 1~31 日　　金额单位：元

产品名称	计量单位	交付数量	实收数量	金　额
腊肉青椒馅	千克	2 200	2 200	
红枣花生馅	千克	1 250	1 250	
果味馅	千克	1 400	1 400	
豆沙馅料	千克	1 320	1 320	

车间负责人：陈翠　　校验：刘华　　收料人：周敏

12. 粽子生产车间直接费用分配表（表2-46~表2-48）

表2-46

粽子生产车间材料费用分配表

2013年8月31日 金额单位：元

费用项目 用途	原材料（糯米）（按直接计入材料数量比例分配）		
	分配标准（馅量）	分配率	分配金额
腊肉青椒粽子	2 200		
红枣花生粽子	1 250		
合计	3 450		

制表：李华

表2-47

粽子生产车间动力费用分配表

2013年8月31日 金额单位：元

费用项目 用途	动力费用（按直接计入材料数量比例分配）				
	分配标准（馅量）	分配率	分配金额		
			电费	水费	合计
腊肉青椒粽子	2 200				
红枣花生粽子	1 250				
合计	3 450				

制表：李华

表2-48

粽子生产车间薪酬费用分配表

2013年8月31日 金额单位：元

费用项目 用途	薪酬费用（按直接计入材料数量比例分配）		
	分配标准（馅量）	分配率	分配金额
腊肉青椒粽子	2 200		
红枣花生粽子	1 250		
合计	3 450		

制表：李华

13. 月饼生产车间直接费用分配表（表2-49~表2-51）

表2-49

月饼生产车间材料费用分配表

2013年8月31日　　金额单位：元

费用项目 / 用途	原材料（高筋面粉）（按直接计入材料数量比例分配）		
	分配标准（馅量）	分配率	分配金额
果味月饼	1 400		
豆沙月饼	1 320		
合　计	2 720		

制表：李华

表2-50

月饼生产车间动力费用分配表

2013年8月31日　　金额单位：元

费用项目 / 用途	动力费用（按直接计入材料数量比例分配）				
	分配标准（馅量）	分配率	分配金额		
			电　费	水　费	合　计
果味月饼	1 400				
豆沙月饼	1 320				
合　计	2 720				

制表：李华

表2-51

月饼生产车间薪酬费用分配表

2013年8月31日　　金额单位：元

费用项目 / 用途	薪酬费用（按直接计入材料数量比例分配）		
	分配标准（馅量）	分配率	分配金额
果味月饼	1 400		
豆沙月饼	1 320		
合　计	2 720		

制表：李华

14. 编制粽子生产车间和月饼生产车间制造费用分配表（表2-52~表2-53）

表 2-52

粽子车间制造费用分配表

车间名称：粽子生产车间　　2013年8月　　金额单位：元

项目 分配对象	分配标准 （产品产量）	分配率	分配金额
基本生产车间——腊肉青椒粽子			
基本生产车间——红枣花生粽子			
合　　计			

制表：李华

表 2-53

月饼车间制造费用分配表

车间名称：月饼生产车间　　2013年8月　　金额单位：元

项目 分配对象	分配标准 （产品产量）	分配率	分配金额
基本生产车间——果味月饼			
基本生产车间——豆沙月饼			
合　　计			

制表：李华

15. 编制粽子车间产品成本计算单（表 2-54~表 2-55）

表 2-54

粽子生产车间产品成本计算单

产品名称：腊肉青椒粽子　完工产成品：23 667 千克　在产品：13 285 千克，完工进度：50%

金额单位：元

成本项目	直接材料	直接动力	直接人工	制造费用	合　计
月初在产品成本					
本月发生生产费用					
生产费用合计					
约当总产量					
完工产品数量					
完工产品单位成本					
完工产品总成本					
月末在产品成本					

制表：李华

表 2-55

粽子生产车间产品成本计算单

产品名称：红枣花生粽子　完工产成品：6 613 千克　在产品：1 321 千克，完工进度：70%

金额单位：元

成本项目	直接材料	直接动力	直接人工	制造费用	合　计
月初在产品成本					
本月发生生产费用					
生产费用合计					
约当总产量					
完工产品数量					
完工产品单位成本					
完工产品总成本					
月末在产品成本					

制表：李华

16. 编制月饼车间产品成本计算单（表2-56~表2-57）

表2-56

月饼生产车间产品成本计算单

产品名称：果味月饼 完工产成品：13 500 千克 在产品：5 600 千克，完工进度：85%

金额单位：元

成本项目	直接材料	直接动力	直接人工	制造费用	合 计
月初在产品成本					
本月发生生产费用					
生产费用合计					
约当总产量					
完工产品数量					
完工产品单位成本					
完工产品总成本					
月末在产品成本					

制表：李华

表2-57

月饼生产车间产品成本计算单

产品名称：豆沙月饼 完工产成品：12 000 千克 在产品：5 000 千克，完工进度：30%

金额单位：元

成本项目	直接材料	直接动力	直接人工	制造费用	合 计
月初在产品成本					
本月发生生产费用					
生产费用合计					
约当总产量					
完工产品数量					
完工产品单位成本					
完工产品总成本					
月末在产品成本					

制表：李华

17. 编制产成品汇总入库单（表 2-58）

表 2-58

产成品汇总入库单

成本项目 / 产品名称	直接材料	直接动力	直接人工	制造费用	合　计	产　量
腊肉青椒粽子						
红枣花生粽子						
果味月饼						
豆沙月饼						
合　计						

制表：李华

18. 编制成本报表和费用报表（表 2-59~表 2-69）

表 2-59

产品生产成本表（按成本项目编制）

编制单位：金莱瑞食品公司　　　　2013 年 8 月　　　　金额单位：元

项　　目	行次	上年实际	本月实际	本年累计实际
生产费用				
1. 直接材料				
2. 直接动力				
3. 直接人工				
4. 制造费用				
生产费用合计				
加：在产品、自制半成品期初余额				
减：在产品、自制半成品期末余额				
产品生产成本合计				
其中：直接材料				
直接动力				
直接人工				
制造费用				

表 2-60

主要产品单位成本表

编制单位：金莱瑞食品公司　　　　2013 年 8 月　　　　金额单位：元

产品名称：腊肉青椒馅　　　　本月实际产量：千克

单位售价：

成本项目	历史先进水平（年）	上年实际平均	本年计划	本月实际	本年累计实际平均
1. 直接材料					
2. 直接动力					
3. 直接人工					
4. 制造费用					
合　　计					

表 2-61

主要产品单位成本表

编制单位：金莱瑞食品公司　　　　2013 年 8 月　　　　金额单位：元

产品名称：红枣花生馅　　　　本月实际产量：千克

单位售价：

成本项目	历史先进水平（年）	上年实际平均	本年计划	本月实际	本年累计实际平均
1. 直接材料					
2. 直接动力					
3. 直接人工					
4. 制造费用					
合　　计					

表 2-62

主要产品单位成本表

编制单位：金莱瑞食品公司　　2013 年 8 月　　金额单位：元

产品名称：果味馅　　本月实际产量：千克

单位售价：

成本项目	历史先进水平（年）	上年实际平均	本年计划	本月实际	本年累计实际平均
1. 直接材料					
2. 直接动力					
3. 直接人工					
4. 制造费用					
合　计					

表 2-63

主要产品单位成本表

编制单位：金莱瑞食品公司　　2013 年 8 月　　金额单位：元

产品名称：豆沙馅　　本月实际产量：千克

单位售价：

成本项目	历史先进水平（年）	上年实际平均	本年计划	本月实际	本年累计实际平均
1. 直接材料					
2. 直接动力					
3. 直接人工					
4. 制造费用					
合　计					

表 2-64

主要产品单位成本表

编制单位：金莱瑞食品公司　　2013 年 8 月　　金额单位：元

产品名称：腊肉青椒粽子　　本月实际产量：千克

单位售价：

成本项目	历史先进水平（年）	上年实际平均	本年计划	本月实际	本年累计实际平均
1. 直接材料					
2. 直接动力					
3. 直接人工					
4. 制造费用					
合　　计					

表 2-65

主要产品单位成本表

编制单位：金莱瑞食品公司　　2013 年 8 月　　金额单位：元

产品名称：红枣花生粽子　　本月实际产量：千克

单位售价：

成本项目	历史先进水平（年）	上年实际平均	本年计划	本月实际	本年累计实际平均
1. 直接材料					
2. 直接动力					
3. 直接人工					
4. 制造费用					
合　　计					

表 2-66

主要产品单位成本表

编制单位：金莱瑞食品公司　　2013 年 8 月　　金额单位：元

产品名称：果味月饼　　本月实际产量：千克

单位售价：

成本项目	历史先进水平（年）	上年实际平均	本年计划	本月实际	本年累计实际平均
1. 直接材料					
2. 直接动力					
3. 直接人工					
4. 制造费用					
合　计					

表 2-67

主要产品单位成本表

编制单位：金莱瑞食品公司　　2013 年 8 月　　金额单位：元

产品名称：豆沙月饼　　本月实际产量：千克

单位售价：

成本项目	历史先进水平（年）	上年实际平均	本年计划	本月实际	本年累计实际平均
1. 直接材料					
2. 直接动力					
3. 直接人工					
4. 制造费用					
合　计					

表 2-68

制造费用明细表

编制单位：金莱瑞食品公司　　　　2013 年 8 月　　　　金额单位：元

费用项目	上年实际	本年计划	本月实际	本年累计实际
合　计				

金莱瑞食品公司
财务专用章

（八）填制与审核会计凭证和会计账簿

记 账 凭 证

年 月 日 ____字第____号

摘要	会计科目		借方金额										贷方金额										记账（签章）
	总账科目	明细科目	千	百	十	万	千	百	十	元	角	分	千	百	十	万	千	百	十	元	角	分	
合计																							

附件 张

会计主管： 出纳： 审核： 制单：

记 账 凭 证

年　　月　　日　　　　　　　　　　　　　　____字 第____号

摘 要	会计科目		借方金额										贷方金额										记账（签章）
	总账科目	明细科目	千	百	十	万	千	百	十	元	角	分	千	百	十	万	千	百	十	元	角	分	
合 计																							

附件　　张

会计主管：　　　　　出纳：　　　　　审核：　　　　　制单：

记 账 凭 证

年　　月　　日　　　　　　　　　　　　　　　　　　　　____字 第____号

摘　要	会计科目		借方金额										贷方金额										记账（签章）
	总账科目	明细科目	千	百	十	万	千	百	十	元	角	分	千	百	十	万	千	百	十	元	角	分	
合　计																							

附件　张

会计主管：　　　　出纳：　　　　审核：　　　　制单：

记 账 凭 证

年 月 日　　　　____字 第____号

摘要	会计科目		借方金额										贷方金额										记账（签章）
	总账科目	明细科目	千	百	十	万	千	百	十	元	角	分	千	百	十	万	千	百	十	元	角	分	
合 计																							

附件　张

会计主管：　　出纳：　　审核：　　制单：

记 账 凭 证

年 月 日 ____字 第____号

摘 要	会计科目		借方金额										贷方金额										记账（签章）
	总账科目	明细科目	千	百	十	万	千	百	十	元	角	分	千	百	十	万	千	百	十	元	角	分	
合 计																							

附件 张

会计主管： 出纳： 审核： 制单：

记 账 凭 证

年 月 日

____字 第____号

摘 要	会计科目		借方金额										贷方金额										记账（签章）
	总账科目	明细科目	千	百	十	万	千	百	十	元	角	分	千	百	十	万	千	百	十	元	角	分	
合 计																							

附件 张

会计主管： 出纳： 审核： 制单：

记 账 凭 证

年 月 日

____字第____号

摘要	会计科目		借方金额										贷方金额										记账（签章）
	总账科目	明细科目	千	百	十	万	千	百	十	元	角	分	千	百	十	万	千	百	十	元	角	分	
合计																							

附件 张

会计主管： 出纳： 审核： 制单：

记 账 凭 证

年 月 日　　　　　　　　　　　　　　　　____字第____号

摘要	会计科目		借方金额										贷方金额										记账（签章）
	总账科目	明细科目	千	百	十	万	千	百	十	元	角	分	千	百	十	万	千	百	十	元	角	分	
合计																							

附件　　张

会计主管：　　　　出纳：　　　　审核：　　　　制单：

记 账 凭 证

年 月 日 ____字 第____号

摘 要	会计科目		借方金额										贷方金额										记账（签章）
	总账科目	明细科目	千	百	十	万	千	百	十	元	角	分	千	百	十	万	千	百	十	元	角	分	
合 计																							

附件 张

会计主管： 出纳： 审核： 制单：

记 账 凭 证

年 月 日 ____字第____号

摘 要	会计科目		借方金额										贷方金额										记账（签章）
	总账科目	明细科目	千	百	十	万	千	百	十	元	角	分	千	百	十	万	千	百	十	元	角	分	
合 计																							

附件 张

会计主管： 出纳： 审核： 制单：

明细分类账

会计科目________

子目、户名________________

年		凭证		摘要	收入											付出											结存											√
					数量	单价	金额									数量	单价	金额									数量	单价	金额									
月	日	字	号				百	十	万	千	百	十	元	角	分			百	十	万	千	百	十	元	角	分			百	十	万	千	百	十	元	角	分	

明细分类账

会计科目________

子目、户名________________

年		凭证		摘要	收入											付出											结存											√
					数量	单价	金额									数量	单价	金额									数量	单价	金额									
月	日	字	号				百	十	万	千	百	十	元	角	分			百	十	万	千	百	十	元	角	分			百	十	万	千	百	十	元	角	分	

明细分类账

会计科目________

子目、户名________________

年		凭证		摘要	收入											付出											结存											√
					数量	单价	金额									数量	单价	金额									数量	单价	金额									
月	日	字	号				百	十	万	千	百	十	元	角	分			百	十	万	千	百	十	元	角	分			百	十	万	千	百	十	元	角	分	

明细分类账

会计科目________

子目、户名________________

年		凭证		摘要	收入											付出											结存											√
					数量	单价	金额									数量	单价	金额									数量	单价	金额									
月	日	字	号				百	十	万	千	百	十	元	角	分			百	十	万	千	百	十	元	角	分			百	十	万	千	百	十	元	角	分	

明细分类账

会计科目________

子目、户名________________

年		凭证		摘要	收入											付出											结存											√
					数量	单价	金额									数量	单价	金额									数量	单价	金额									
月	日	字	号				百	十	万	千	百	十	元	角	分			百	十	万	千	百	十	元	角	分			百	十	万	千	百	十	元	角	分	

明细分类账

会计科目________

子目、户名________________

年		凭证		摘要	收入											付出											结存											√
					数量	单价	金额									数量	单价	金额									数量	单价	金额									
月	日	字	号				百	十	万	千	百	十	元	角	分			百	十	万	千	百	十	元	角	分			百	十	万	千	百	十	元	角	分	

多栏式明细账

科目：

年		凭证		摘要	借方	贷方	余额											
月	日	字	号															

多栏式明细账

科目：

年		凭证		摘　要	借方	贷方	余额											
月	日	字	号															

多栏式明细账

科目：

年		凭证		摘　要	借方	贷方	余额											
月	日	字	号															

多栏式明细账

科目：

年		凭证		摘　要	借方	贷方	余额											
月	日	字	号															

多栏式明细账

科目：

年		凭证		摘要	借方	贷方	余额											
月	日	字	号															

多栏式明细账

科目：

年		凭证		摘要	借方	贷方	余额											
月	日	字	号															

多栏式明细账

科目：

年		凭证		摘要	借方	贷方	余额											
月	日	字	号															

多栏式明细账

科目：

年		凭证		摘要	借方	贷方	余额											
月	日	字	号															

多栏式明细账

科目：

年		凭证		摘要	借方	贷方	余额											
月	日	字	号															

多栏式明细账

科目：

年		凭证		摘要	借方	贷方	余额											
月	日	字	号															

参考文献

[1] 黄晓平. 成本会计实训 [M]. 武汉：武汉大学出版社，2012.
[2] 姜海华，蒋明东. 成本会计实训 [M]. 武汉：华中科技大学出版社，2007.
[3] 苏启立，简东平. 成本会计实训 [M]. 北京：中国经济出版社，2007.
[4] 谢桦，姚春雪. 成本会计实训 [M]. 郑州：河南科学技术出版社，2008.
[5] 吴鑫奇. 成本会计实训教程 [M]. 南京：东南大学出版社，2005.
[6] 贺英莲. 成本会计实训教程 [M]. 北京：中国农业大学出版社，2008.